4巻
- 新潟
- 長野
- 富山
- 岐阜
- 石川
- 静岡
- 福井
- 愛知
- 山梨

6巻
- 北海道
- 秋田
- 青森
- 山形
- 岩手
- 福島
- 宮城

5巻
- 茨城
- 千葉
- 栃木
- 東京
- 群馬
- 神奈川
- 埼玉

7巻
日本の国土と産業

8巻
地図の見方・使い方、総さくいん

Geography of Japan

現地取材！大迫力写真！ 改訂新版　監修：井田仁康 筑波大学 名誉教授

日本の地理

九州地方

福岡県／佐賀県／長崎県／熊本県／大分県／
宮崎県／鹿児島県／沖縄県

1

日本の地理 －もくじ－

【九州地方】 福岡県／佐賀県／長崎県／熊本県／大分県／宮崎県／鹿児島県／沖縄県

- ●この本の構成と使い方 …………………………………………… 4

九州地方の特色

- ★九州地方のすがた …………………………………………… 6
- ★九州地方の農林水産業 ……………………………………… 8
- ★九州地方の工業 ……………………………………………… 9
- ★九州地方の環境問題と災害への取り組み ………………… 10
- ★九州地方のテーマ学習 ……………………………………… 11

日本全国探検隊

炭鉱で栄えた"軍艦島"（長崎県） ……………………………… 12
日本最大の地熱発電所（大分県） ……………………………… 14
沖縄IT津梁パークとは？（沖縄県） …………………………… 16

- ❁ 福岡県 ……………… 18
- ❁ 佐賀県 ……………… 26
- ❁ 長崎県 ……………… 34

- 熊本県 …………… 42
- 大分県 …………… 50
- 宮崎県 …………… 58
- 鹿児島県 …………… 66
- 沖縄県 …………… 74

この本を読むみなさんへ　　筑波大学名誉教授　井田仁康

　日本の都道府県の特色を調べてみると、それぞれの都道府県によって、ことなる特ちょうや魅力を発見できます。自分たちの住んでいる都道府県のよさを見直したり、行ってみたい都道府県がみつかったりするかもしれません。そして、そこでの人々の営みに気づき、課題も知ることができるでしょう。これからの日本社会を築きあげていくうえで、このような内容を学んでおくことは必要不可欠です。

　この1巻では、九州地方の8つの県について、自然や産業、交通、文化などをくわしく解説してあります。学校や家庭での調べ学習などにおおいに役立て、将来をになう力をやしなってください。

【表紙の写真】　上：サンゴ礁と熱帯魚（沖縄）、左下：噴火する桜島（鹿児島県）、下中央左：博多明太子（福岡県）、下中央右：屋久杉（鹿児島県）、右下：長崎ランタンフェスティバル（©長崎市観光交流推進室）（長崎県）

この本の構成と使い方

地方の特色

各都道府県の解説の前に、各地方全体の特色を解説したページが6ページあります。まず、ここで、各地方がどんな地方かを大まかにつかみましょう。

とくに掘り下げたい内容については、6ページ目で「テーマ学習」として取り上げています。

日本全国探検隊

いくつかの県の特ちょう的な自然や産業、文化などについて、実際に記者が現地に取材に行って、働く人の生の声を聞いたページがあります。写真をたくさん掲載していますので、楽しく読みながら、調べ学習などの参考にしてください。

日本全国のおいしいものをたくさん食べたいな。
たぬごろう

ページの下にも役立つ情報がのっているね！
こんちゃん

この本をうまく使って地理の達人になろう！
ツバメ先生

4

都道府県大図解

1 2ページ目 自然と人々がわかる！

基礎データと各都道府県のくわしい地図を掲載しているほか、地形や気候や人口の特色について説明しています。

各都道府県の
面積・人口・マークなどの
基礎データ

面積 ▶ 2024年10月1日時点（国土交通省調べ）
人口 ▶ 2023年10月1日時点（統計局「人口推計」）
人口構成の割合 ▶ 2023年10月1日時点（統計局「人口推計」）

行政区分と人口密度

行政区分は2023年10月1日時点，人口密度は2024年1月1日時点の人口を2023年10月1日時点の面積で割ったものです。

【地図について】 ―凡例―

- ━━━ 都道府県境
- ◎ 都道府県庁所在地
- ◉ 市
- ○ 町村
- ▲ 山頂（数値は標高）
- ▲ 火山頂（数値は標高）
- ● 世界文化遺産
- ● 世界自然遺産
- ● ラムサール条約登録地
- ✈ 空港
- ⚓ 港
- ━━━ JR新幹線
- ━━━ JR線
- ━━━ JR以外の私鉄
- ━━━ 高速道路・主な自動車専用道路

※空港名は，通称・愛称で掲載しています。　※地図は「中学校社会科地図」（帝国書院）などを参考文献としています。　◎雨温図について…1991〜2020年の平均値（気象庁ホームページより）

3 4 5 6ページ目 産業がわかる！

「農業」「林業」「漁業」「工業（鉱業）」「エネルギー」「サービス業」など、各産業を写真やグラフを豊富に使って解説しています。

6ページ目では、その都道府県の交通について、地図とともに解説しています。

7 8ページ目 文化がわかる！

その都道府県の代表的な観光名所や祭りなどを写真と地図で紹介しています。

「ふるさと情報」では、有名人、方言、郷土料理を紹介しています。

Features
Kyusyu

九州地方の特色

九州地方のすがた

★ 火山が多い地域
　自然環境をいかした産業

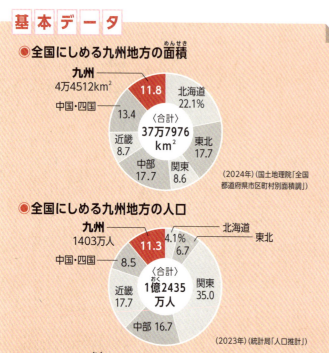

●全国にしめる九州地方の面積

九州 4万4512km² 11.8
北海道 22.1%
中国・四国 13.4
〈合計〉37万7976km²
東北 17.7
関東 8.6
中部 17.7
近畿 8.7

（2024年）（国土地理院「全国都道府県市区町村別面積調」）

●全国にしめる九州地方の人口

九州 1403万人 11.3
北海道 4.1%
東北 6.7
中国・四国 8.5
〈合計〉1億2435万人
関東 35.0
中部 16.7
近畿 17.7

（2023年）（統計局「人口推計」）

●九州地方の各県のデータ

	面積(km²)	人口(万人)	人口密度(人/km²)	県庁所在地
福岡県	4988	510.3	1023	福岡市
佐賀県	2441	79.5	326	佐賀市
長崎県	4131	126.7	307	長崎市
熊本県	7409	170.9	231	熊本市
大分県	6341	109.6	173	大分市
宮崎県	7734	104.2	135	宮崎市
鹿児島県	9186	154.9	169	鹿児島市
沖縄県	2282	146.8	643	那覇市

（面積は2024年、人口は2023年）（国土地理院「全国都道府県市区町村別面積調」、統計局「人口推計」）

　九州地方では、福岡県が最も人口が多い県です。福岡県は全国的にも人口が多く、県庁所在地の福岡市は人口約160万人の大都市です。平野部に人口が多い都市が集中していますが、他の地方と同様に、山間部や離島で過疎化と高齢化が進んでいます。

火山が多く、島も多い

　九州地方は日本列島の南西に位置する地方です。北部に**筑紫山地**、中央部に**九州山地**がそびえています。全体的に山がちで、雲仙岳、阿蘇山、霧島山、桜島（御岳）など、火山が多くあります。南部の鹿児島県から宮崎県南部にかけては、火山灰で覆われた**シラス台地**が広がっています。中央部の**阿蘇山**には、世界最大級の**カルデラ**があります。

　長崎県の五島列島や、沖縄県と鹿児島県の南西諸島などに島々が多いことも特ちょうです。南西諸島は、**さんご礁**が広がる美しい海に囲まれています。

噴煙を上げる桜島

全体的に温暖で、亜熱帯の気候もみられる

　九州地方は、太平洋側に暖流の**黒潮（日本海流）**、日本海側に暖流の**対馬海流**が流れるため、全体的に温暖な気候です。とくに、沖縄県と鹿児島県の南西諸島に属する島々は亜熱帯の気候に属し、冬でも15度を下回ることはあまりありません。

　台風の通り道になっているため、暴風・豪雨の被害を受けることが多くあります。とくに沖縄県は大きな被害を受けるため、台風に備えた家づくりがみられます。

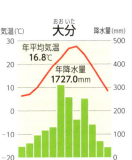

梅雨の末期や台風がやってくる、夏や秋の降水量が多いよ。

九州地方の農林水産業

★ 野菜の栽培と畜産業がさかん

九州地方は農業がさかんな地方です。とくに、熊本県と鹿児島県の農業産出額は、日本有数です。畜産の割合が高いのが特ちょうですが、トマト・きゅうり・なすなど、野菜の栽培もさかんです。

●全国にしめる九州地方の農業産出額

| 全国 9兆10億円 | 北海道 14.3% | 東北 15.1 | 関東 17.4 | 中部 16.3 | 中国・四国近畿 6.4 10.0 | 九州 1兆9098億円 21.2 |

(2022年)(農林水産省「生産農業所得統計」)

●九州地方の各県の農業産出額（億円）

福岡県	佐賀県	長崎県	熊本県	大分県	宮崎県	鹿児島県	沖縄県
2021	1307	1504	3512	1245	3505	5114	890

(2022年)(農林水産省「生産農業所得統計」)

シラス台地での畜産

黒豚の飼育（鹿児島県）

九州の南部には、火山灰が積もってできた **シラス台地** が広がっています。シラス台地は水を保ちにくく、農作物の栽培が難しかったため、早くから **豚・肉用牛・肉用にわとり** の飼育といった畜産に力が入れられてきました。鹿児島県と宮崎県の豚・肉用牛の飼育頭数は全国有数です。中でも、鹿児島県の黒豚は **「かごしま黒豚」**（→p.69）のブランドで、全国的に知られています。

各地でさかんな野菜づくり

宮崎平野のビニールハウス

九州地方では、各地で野菜の栽培がさかんです。とくに熊本県の平野部では、**トマト**、**すいか**、**なす**、**メロン** などの栽培が有名です。温暖な **宮崎平野** では、ビニールハウスや温室を利用して **ピーマン・きゅうり** などの **促成栽培**（→p.61）が行われています。

近年は、沖縄県でも東京や大阪などの大都市に向けた野菜や花の栽培がさかんに行われています。

まぐろ・かつお漁と養しょくがさかん

九州の西側に広がる東シナ海は、大陸棚が広がる好漁場です。また、太平洋沖を流れる黒潮（日本海流）にのって、**まぐろ・かつお** などがやってきます。

養しょく業もさかんで、**有明海** では **のり** の養しょく（→p.30）、長崎県のリアス海岸では **真珠** の養しょく（→p.37）、鹿児島湾では **ぶり、かんぱち** の養しょく（→p.70）がさかんに行われています。

森林が豊富で、林業がさかん

筑紫山地や九州山地が連なり、山地が多い九州地方では、林業がさかんで、宮崎県や大分県の **木材** の生産量は全国有数です。これらの木材を使った木工品づくりも各地で見られます。

また、**たけのこ・乾しいたけ** の生産もさかんで、九州の県が生産量の上位をしめています。

九州地方の工業

★ 半導体の生産がさかん。自動車工業も発達！

九州は各地で半導体の生産がさかんなことから、「シリコンアイランド」とよばれてきました。また、自動車工業が発達していることから、「カーアイランド」とよばれることもあります。

●全国にしめる九州地方の工業生産額

| 全国 361兆7749億円 | 北海道 1.9% | 東北 5.7 | 関東 25.2 | 中部 28.5 | 近畿 19.5 | 中国・四国 11.5 | 九州 27兆9998億円 7.7 |

(2022年)(総務省・経済産業省「経済構造実態調査」)

●九州地方の各県の工業生産額（億円）

福岡県	佐賀県	長崎県	熊本県	大分県	宮崎県	鹿児島県	沖縄県
103315	22944	15718	34786	56034	18310	24147	4743

(2022年)(総務省・経済産業省「経済構造実態調査」)

北九州工業地帯の形成

かつて九州地方の工業の中心地は、福岡県北九州市を中心に形成された**北九州工業地帯(地域)**でした。明治時代、福岡県北部にあった**筑豊炭田**から、たくさんの石炭がとれました。また、中国から鉄鉱石を入手しやすかったことから、1901年に八幡村(現在の北九州市)で官営の**八幡製鉄所**が操業を開始しました。これによって鉄鋼業が発達し、北九州工業地帯は日本有数の工業地帯に成長しました。しかし、1960年代に**エネルギーの中心が石炭から石油に**かわり、鉄鉱石の輸入先の中心も中国からオーストラリアにかわると、筑豊炭田での石炭の産出量は減っていき、北九州工業地帯も衰退していきました（→p.22）。

🌸 筑豊炭田の蒸気機関車(1976年)

「カーアイランド」九州

1970年代に福岡県**苅田町**に大手自動車メーカーの**自動車**の組み立て工場が進出してきたのをきっかけに、**宮若市**(福岡県)、中津市(大分県)など、九州地方各地に自動車関連の工場が次々と立地するようになりました。今や九州は日本有数の自動車生産の拠点となり、「**カーアイランド**」とよばれるようになりました。

「シリコンアイランド」九州

1960年代後半に、熊本県で**半導体工場**が建設されました。これをきっかけに、九州地方各地の高速道路や空港周辺に多くの半導体工場が進出し、IC（半導体）をはじめとする電子部品の生産がさかんになりました。このため九州は、半導体メーカーが集中するアメリカ合衆国のシリコンバレーにちなんで、「**シリコンアイランド**」とよばれるようになりました。近年では、台湾の半導体メーカーの工場が、熊本県に進出しています（→p.46）。

シリコンとは、ICの基盤などに使われる素材だよ。

🌸 熊本空港近くの半導体関連工場

九州地方のその他の工業

大分県大分市の臨海部には**石油化学コンビナート**が形成され、**製鉄所**が立ち並び、石油化学工業や鉄鋼業が発達しています（→p.54）。長崎県長崎市と佐世保市では**造船業**、宮崎県延岡市では**化学工業**が発達しています。

九州地方の環境問題と災害への取り組み

★ 先進的な環境への取り組み

過去、大気汚染や水質汚濁などの公害問題を克服したいっぽう、自然災害も多い九州地方では、環境保全への取り組みや自然災害への対策が進んでいます。

九州地方の環境問題の歴史

熊本県水俣市では、かつて四大公害病の1つである水俣病が発生し、たくさんの被害者が出ました。福岡県北九州市でも大気汚染と水質汚濁が深刻になったことがあります。市・企業・市民などの努力によって、大きな公害は少なくなりました。現在水俣市は、環境モデル都市として、環境保全活動に積極的に取り組んでいます（→p.47）。

九州地方では、国境を越えた環境問題も発生しています。中国の内陸部からは黄砂とよばれる砂じんが飛来し、大気を汚したり、農作物に積もったりするなどの被害が出ています。近年は、中国の工場のばい煙や自動車の排気ガスなどに由来するPM2.5（微小粒子状物質）が風に乗って運ばれてきて、健康被害をおよぼすことが心配されています。

自然災害が多い九州地方

九州地方は台風の通り道となっているため、台風の時期や梅雨の時期には集中豪雨にみまわれます。この豪雨によって、土砂崩れや洪水の被害がたびたび起こります。

また、火山の噴火の被害も出ています。鹿児島県の桜島（御岳）は現在も噴火しており、火山灰が対岸の鹿児島市に降り積もります。1990年に始まった長崎県の普賢岳（雲仙岳の1つ）の噴火では、翌年に火砕流が発生し、周辺地域で多くの被害が出ました。

環境保全の取り組み

水俣市と北九州市は、過去の公害を教訓として環境問題に積極的に取り組んできました。今では、両都市ともあらゆる廃棄物をゼロにすることを目指す先進的な都市づくり（エコタウン事業）を進め、都市として模範的な役割を果たしています。さらに両都市は、環境問題だけでなく貧困、教育、ジェンダー平等などについての目標を定めた「SDGs（持続可能な開発目標）」の理念にそった街づくりをする「SDGs未来都市」にも国から選定されています。

自然災害への対策

土砂崩れに対して各県では、土砂を止めて土砂災害を防止するための砂防ダムや、植林によって緑のダムをつくるなどの対応をしています。また、下水処理能力をこえる都市型水害に対して、地下に貯水施設をつくって雨水をためるなどの対策がとられています。

九州地方の県や市町村では、土砂崩れや火山噴火などの自然災害が起こりやすい場所や避難場所を示した地図である「ハザードマップ」を作成し、災害に備えています。

⬤ 普賢岳の火砕流（1991年）（雲仙市）

⬤ 桜島のハザードマップ（鹿児島市）

テーマ学習
Research >> Kyusyu

九州地方

九州地方の離島を調べる！

九州地方には数多くの離島があり、産業や成り立ちは、離島によってことなります。ここでは、いくつかの離島を取り上げ、その自然・歴史・産業・生活などについて調べてみましょう。また、多くの離島で深刻になっている過疎化の問題についても考えてみましょう。

(1) 各島を①〜④の観点から調べてみよう。
(2) 過疎化を解決するために、全国で行われている対策を調べてみよう。

対馬（長崎県）
① 地形の特色
② 大陸との交流の歴史
③ 主な産業
④ 人口の特色

（ピクスタ）

奄美大島（鹿児島県）
① 気候の特色　② 島の動植物
③ 主な産業　　④ 人口の特色

（C.K.P.V.B.）

屋久島（鹿児島県）
① 気候の特色
② 島の動植物
③ 観光客数の変化
④ 人口の特色

（ピクスタ）

与那国島（沖縄県）
① 地形の特色
② 島の歴史
③ 主な産業
④ 人口の特色

（ピクスタ）

西表島（沖縄県）
① 気候の特色
② 島の動植物
③ 主な産業
④ 重要な伝統行事

（ピクスタ）

地図中：対馬、屋久島、奄美大島、与那国島、西表島

テーマ学習 調査結果の例

(1) 例 対馬：①山地が多く、平地が少ない。②江戸時代の鎖国中に朝鮮との交易の窓口となった。③本まぐろの養しょくがさかん。④過疎化が進行している。

例 西表島：①１年中雨が多く、温暖。②イリオモテヤマネコなど、独特の動物が生息している。③観光業がさかん。④豊作を感謝する「節祭」という祭りが重要無形民俗文化財に指定されている。

(2) 例 教育に力を入れたまちづくりをすることで子育て世代の移住を増やし、地域を活性化している。

世界文化遺産登録で再び注目される端島
炭鉱で栄えた"軍艦島"

日本全国 探検隊　**歴史**

海から端島を見たときのシルエットが軍艦に似ている。

軍艦島
長崎県 端島

佐賀県
福岡県
長崎県
長崎
端島

青空市場の様子。

　長崎港から船で18.5kmの距離にある端島は、その見た目から"軍艦島"とよばれました。はじめは小さな無人島でしたが、石炭が豊富に採掘されることから、明治時代以降に埋め立てられて拡張され、端島炭坑で働く人たちを中心に多くの人がくらすようになりました。1960年代には、産業のエネルギー源としての石炭需要がピークに達し、島も活気づきました。最盛期には約5300人が密集してくらし、人口密度は当時の東京都の約17.5倍と世界一でした。

　しかし、安全に採掘できる石炭はすべて掘りつくしたとして、1974年に端島炭坑は閉鎖。最後まで黒字のまま閉山した日本唯一の炭坑となりました。端島の歩みは日本の産業革命期の様子を伝えるものとして、2015年に世界文化遺産に登録されました。

台風による高波が島を直撃することもあった。

春祭りの「山神祭」の様子。

坑内は事故や火災の危険ととなり合わせ。一瞬たりとも気を抜けない。

端島での生活

　端島炭坑の採掘区は深いところにあり、1949年には606m、最終的は1010mに達しました。坑内は気温35℃、湿度95%という過酷な環境で、1日3交代制で石炭を掘り続けました。

　端島には小中学校はもちろん、病院や派出所などの主な施設の他に、映画館やパチンコ店などの娯楽施設もありました。日用品や食料品などの物資は船で運ばれていましたが、台風などで欠航すると、備蓄していた乾パンと缶詰で食いつなぐこともありました。季節ごとにいろいろな行事が行われ、島民全員が参加して大いに盛り上がりました。

面積は約6万3000㎡で、東京ドームわずか1.3個分の大きさ。

INTERVIEW

端島で過ごした時間は**宝物**です

　私は端島で12歳まで過ごしました。父は映画館の映写技師で、後に炭鉱夫として働きました。

　端島でのくらしは本当に楽しかったです。せまい島に大勢の人がいたので、プライバシーなどありませんでしたが、みんなが信頼し合っていて、付き合いはとても深くなりました。今でも端島の同窓会が行われているくらいです。

　私は現在、軍艦島上陸ツアーに参加された方に端島の歴史やくらしの様子を伝える仕事をしています。世界文化遺産に登録されて再び注目されるようになった端島を、みなさんに説明できることがとても幸せです。

軍艦島デジタルミュージアムの木下稔さん

TOPICS 日本**初**の**鉄筋**コンクリート造の**高層**アパート

　端島には鉱山の会社社員や鉱員の社宅、学校や炭鉱関連の建物などが、びっしりと建てられました。鉱員の社宅として1916（大正5）年に建てられた7階建ての30号棟は、日本で最も古い鉄筋コンクリート造の高層アパートでした。

建設中の30号棟の様子。

独特な景観が映画やドラマのロケ地としても人気だよ。

世界遺産の端島を**体験**する

　端島炭坑の閉山後、廃虚になっていた端島ですが、2003年に始まった端島を世界遺産にしようという活動をきっかけに、2009年には端島に上陸するツアーが始まりました。

　ツアーでは端島に上陸して島内を歩き、小中学校や炭鉱施設など当時の生活の様子を伝える建物を見学します。活気にあふれていたころの端島の姿が浮かび上がってきます。

各ポイントでガイドがくわしく説明してくれる。

まめちしき　端島で採掘された石炭は品質がよく、主に福岡県北九州市にあった八幡製鉄所で製鉄用の原料炭として使われ、日本の近代工業を支えてきました。

八丁原発電所。1号機と2号機の最大出力は11万kWで、約3万7000軒分の電力をまかなえます。

日本全国探検隊

エネルギー

大分県九重町

地熱発電所

地熱発電量が多い都道府県

順位	都道府県名	発電量（kWh）
1	大分県	8.5億
2	秋田県	4.0億
3	鹿児島県	3.9億
4	岩手県	1.9億
5	宮城県	1.1億

（2023年度）（経済産業省資源エネルギー庁「電力調査統計表」）

くじゅう連山の地熱を有効に活用

日本最大の地熱発電所

八丁原発電所は、大分県と熊本県の県境近く、くじゅう連山のふもとの高原地帯にあります。

八丁原発電所では、地下から高温の蒸気と熱水を取り出して発電する地熱発電を行っています。地熱発電所は、高温の蒸気と熱水を取り出しやすい火山地帯につくられています。

世界と日本の地熱発電

地熱発電に必要な高温の蒸気と熱水を「地熱資源」といい、地質学や化学、物理学などを応用した調査によって場所と埋蔵量を調べます。日本の地熱資源量はとても豊富で、アメリカ合衆国、インドネシアに続いて第3位ですが、発電設備容量では第10位にとどまっています。（2024年）

日本国内では活火山の多い東北地方と九州地方を中心に70か所以上の地熱発電所があります。その中でも八丁原発電所は最大で、日本の地熱発電の約20％（2019年）、国内の電力需要の0.2％をまかなっています。

TOPICS

環境にやさしい地熱発電

火力発電や原子力発電は、石油や石炭、ウランなどの燃料をもとにした熱で蒸気をつくって発電しています。ともに燃料に限りがあり、火力発電には二酸化炭素の発生、原子力発電には利用した後の放射性廃棄物の処理などの問題があります。

これに対し、地下の熱で高温高圧になった蒸気と熱水を利用して発電をする地熱発電は、半永久的に利用できます。さらに八丁原発電所の年間発電量は、年間20万キロリットルの石油が節約できる量に相当します。このように、地熱発電は環境にやさしくクリーンな発電方法なのです。

地熱発電のしくみ

地熱発電では、生産井で蒸気と熱水を地中から取り出し、蒸気の力でタービンを回して発電します。

① 生産井
蒸気と熱水を取り出す井戸。最も深いものは3000m、最も浅いものは760m。

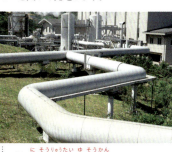

② 二相流体輸送管
蒸気と熱水が混じっている流体（二相流体）を生産井から気水分離器へ送る管です。

③ 気水分離器
蒸気と熱水を、遠心力を利用して分けます。蒸気は蒸気タービンへ、熱水は④のフラッシャーに送ります。

④ フラッシャー
熱水の圧力を下げて蒸気に変えます。蒸気は蒸気タービンに送り、熱水は地下に戻します。

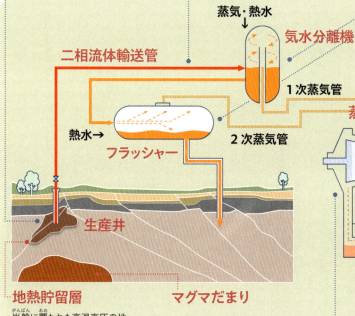

（図は、JOGMECホームページに基づいて作成）

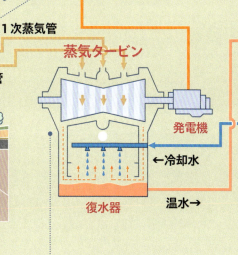

⑥ 復水器と冷却塔
タービンを回した蒸気を復水器で温水に変え、冷却塔で冷やします。水温は約45度から約25度になります。

⑤ 蒸気タービンと発電機
蒸気でタービン（左）を回し、その力を発電機（右）に伝えます。

INTERVIEW

安定してくらしを支える地熱発電

九電みらいエナジー株式会社の
押川広夢さん

現在は発電所設備の定期点検や、故障や不具合が発生した場合のトラブルに対応する仕事をしています。地下からの蒸気や熱水には硫黄が多くふくまれているので、金属部分の腐食が速く、修繕や部品交換の回数が多くなります。大変ですが、知識や技術を向上させることにやりがいを感じ、楽しく仕事をしています。

八丁原発電所は、安定した電力でみなさんの生活を支えています。勉強できる展示館もあるので、ぜひ展示館に来て、もっと地熱発電のことを知ってください。

日本全国探検隊　産業

沖縄県 うるま市 IT

両側に海が広がる海中道路。

▲適度な影をつくりつつ、光や風をとり入れるための空洞がデザインされた花ブロックがあしらわれたオフィス。日差しが強い沖縄県の建物によく使われています。
◀世界文化遺産の勝連城跡が見えるオフィスも。

ITで沖縄の産業に新しい風をふきこむ
沖縄IT津梁パークとは？

リゾート環境にITの拠点を

　沖縄IT津梁パークは、沖縄島中部の東海岸に位置するうるま市にあります。「うるま」とは沖縄の言葉で「さんごの島」のこと。沖縄県の特ちょうである美しい海に面したリゾート環境に、IT*産業をはじめとした情報通信関連産業を発展させる一大拠点として、国の支援のもと、2009年に沖縄県により開設されました。津梁とは「かけ橋」を意味し、日本とアジアを結ぶ役割を沖縄がになうことを表します。

沖縄経済の柱になりつつある情報通信産業

　観光のイメージが強い沖縄県ですが、国内の主要都市のほかにアジアの国々へも行き来しやすいことから、ビジネスの拠点としても注目されています。なかでも国や県が情報通信産業の振興に力を入れてきたこと、また、海底に敷かれている光ケーブル網の東アジア・東南アジア地域の中継地点となっていることから、情報通信関連企業数が増加し、沖縄経済を発展させる柱となりつつあります。沖縄IT津梁パーク施設の整備も、沖縄県に情報通信関連の会社を増やす取り組みのひとつです。

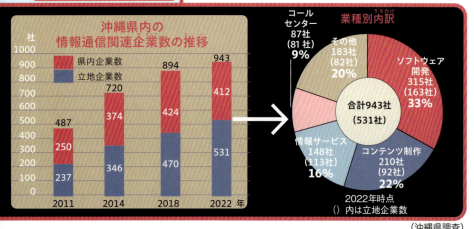

沖縄県内の情報通信関連企業数の推移

年	県内企業数	立地企業数	合計
2011	250	237	487
2014	374	346	720
2018	424	470	894
2022	412	531	943

業種別内訳（2022年時点、()内は立地企業数）
- コールセンター 87社（81社） 9%
- その他 183社（82社） 20%
- ソフトウェア開発 315社（163社） 33%
- コンテンツ制作 210社（92社） 22%
- 情報サービス 148社（113社） 16%
- 合計943社（531社）

（沖縄県調査）

キーワード　ITとはInformation Technologyの略。情報技術のこと。

くふう発見 沖縄IT津梁パークで働く人たち

株式会社国際システム

設立が1982年と、沖縄県のIT企業の中でも長い歴史があります。開発センターでは、沖縄県外から受託したシステム開発や保守を行っています。

INTERVIEW
IT分野の業務に必要な環境が整っています

ソフトウェア開発の拠点を探していたところ、高度なセキュリティ対策や災害対策が実施されている沖縄IT津梁パークが最適と判断しました。観光地も近くて見晴らしがよく、広々とした快適な環境です。

株式会社国際システムで働く仲村春樹さん

株式会社レキサス

沖縄から社会を豊かにする人材を生み、世界中で利用されるITサービスやプロダクトを創出することを目指し、1998年に設立しました。

INTERVIEW
アジアの国々との交流を増やしていきたいです

経済が発展しているアジアの国々の近隣に位置する立地をいかして、現在はベトナムが中心ですが、さまざまな国との交流の機会を増やしたいです。そして、連携をはかりながら、ビジネスの幅を広げるのが目標です。

株式会社レキサスで働く山城常秀さん

TOPICS インターナショナルスクールやロボットホテルも

バイリンガル教育を行う「デューキッズなないろ　うるま園」。

沖縄IT津梁パーク。（沖縄県企業立地推進課提供）

沖縄IT津梁パークには、情報通信関連の企業が入居する13の施設が整備されています（2024年10月現在）。敷地内にはインターナショナルスクール「デューキッズなないろ　うるま園（企業主導型保育園）」があり、多様な働き方を支えています。また、ロボットが働く実証実験ホテル「タップホスピタリティラボ沖縄」では、宿泊施設でロボットを活用するための検証を行いながら、宿泊客も受け入れています。

まめちしき うるま市には、2000年に世界文化遺産「琉球王国のグスク及び関連遺産群」に登録された勝連城跡や海中道路などの観光スポットが数多くあります。

うめの花を図案化。県の発展と県民の仲のよさを表す。

★九州地方の中心地！古くから大陸とのつながりが深い！

福岡県

面積	4988km² (29位) [2024年]
人口	510.3万人 (8位) [2023年]
県庁所在地	福岡市
市町村数	29市29町2村 [2024年]

自然と人々がわかる！ 地形はなだらか！ 三方が海に面する

福岡県は、東京までの距離よりも、韓国のソウルまでの距離のほうが近いんだよ

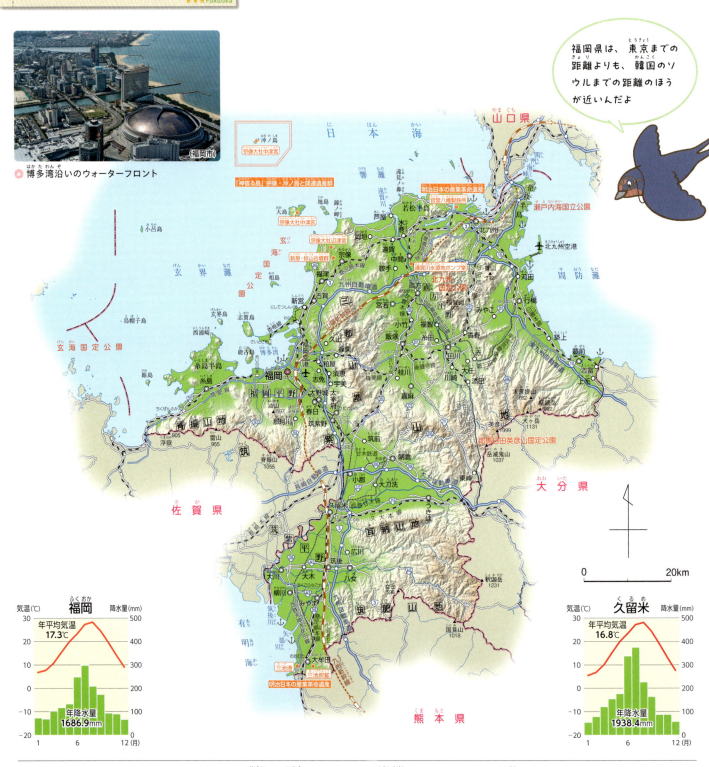

博多湾沿いのウォーターフロント

福岡 年平均気温 17.3℃ 年降水量 1686.9mm

久留米 年平均気温 16.8℃ 年降水量 1938.4mm

★日本一情報 主要52都市の中で、福岡市は、たらこの1世帯(2人以上世帯)あたりの年間購入額が日本一 (2021〜23年平均)

人口構成の割合
- 0～14歳 **12.6%**
- 15～64歳 **58.9%**
- 65歳以上 **28.5%**

県の花：**ウメ**

県の木：**ツツジ**

県の鳥：**ウグイス**

筑後川沿いに広がる筑紫平野…筑後川は九州最大の河川で、熊本県、大分県、佐賀県、福岡県を流れる。

地形　Fukuoka

福岡県は九州地方の北部に位置し、**関門海峡**によってへだてられています。**玄界灘、響灘、周防灘、有明海**の4つの海に囲まれ、遠賀川が響灘に、**筑後川**と矢部川が有明海に注ぎます。有明海には干潟（→p.27）が広がり、**筑紫平野**は干拓によって陸地を広げてきました。中央部に筑紫山地、南部に耳納山地が連なりますが、いずれもなだらかです。

気候　Fukuoka

全体的に温暖な気候ですが、大まかに玄界灘と響灘に面する北側と、有明海に面する南側に区分されます。北側は**日本海側の気候**の特ちょうがみられ、冬にくもりの日が多くなり、雪が降ることもあります。南側は昼と夜の気温差が大きい内陸性の気候の特ちょうがみられ、夏は東シナ海から暖かく湿った空気が入ってきやすいため、降水量が多くなります。周防灘に面する地域は、降水量が少ない**瀬戸内の気候**の特ちょうがみられます。

人口　Fukuoka

福岡県は九州地方で最も人口が多い県です。県人口の約3割にあたる約158万人（2023年）が県庁所在地で**政令指定都市**の**福岡市**に集中しています。また、**北九州市**も人口90万人をこえる大都市です。福岡市に通勤・通学する人が多い周辺の市町では、人口が増加する傾向にあります。

★日本一情報　福岡県は、たんすの出荷額が日本一（2022年）。

産業がわかる！ ★★★Fukuoka

筑紫平野で米づくり！自動車工業が発達！

福岡県では筑紫平野を中心に米づくりがとてもさかんです。また、米の裏作として麦類が栽培されているほか、「あまおう」で知られるいちごは全国有数の収穫量をほこります。林業では、たけのこの生産量が日本一で、漁業では有明海で、のりの養しょくがさかんです。

九州地方で最も工業が発達している県であり、かつては鉄鋼業を中心に**北九州工業地帯（地域）**が発展しました。現在は大手自動車メーカーの工場が置かれ、自動車工業が発達しています。九州地方の地方中枢都市である福岡市では、商業や観光に関連した飲食・宿泊サービス業などの第三次産業が発達しています。

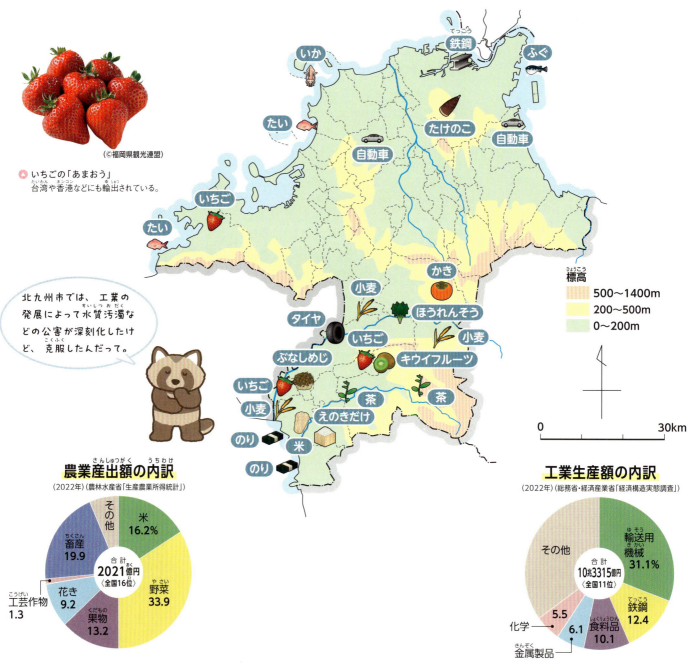

▲ いちごの「あまおう」
台湾や香港などにも輸出されている。

北九州市では、工業の発展によって水質汚濁などの公害が深刻化したけど、克服したんだって。

標高
- 500〜1400m
- 200〜500m
- 0〜200m

0　　30km

農業産出額の内訳
（2022年）（農林水産省「生産農業所得統計」）

合計 2021億円〈全国16位〉
- 米 16.2%
- 野菜 33.9
- 果物 13.2
- 花き 9.2
- 工芸作物 1.3
- 畜産 19.9
- その他

工業生産額の内訳
（2022年）（総務省・経済産業省「経済構造実態調査」）

合計 10兆3315億円〈全国11位〉
- 輸送用機械 31.1%
- 鉄鋼 12.4
- 食料品 10.1
- 金属製品 6.1
- 化学 5.5
- その他

まめちしき　一般に、古代の役所としての大宰府をさすときは「大」の字を使い、現在の太宰府市や太宰府天満宮をさすときは「太」の字を使います。

ビニールハウスを使ったいちごの栽培

農業 筑紫平野の米づくり

福岡県は、耕地面積の約8割を水田がしめていて、九州地方の中でもとくに**米づくり**がさかんな県です。福岡県などの九州北部では、縄文時代の終わりには米づくりが行われていたとされます。九州地方を中心に栽培されている「**ヒノヒカリ**」や、福岡県で誕生した「**夢つくし**」、「**元気つくし**」など、さまざまな品種が、**筑紫平野**や福岡平野をはじめ県内各地で栽培されています。

うきは市にある棚田 （©福岡県観光連盟）

農業 二毛作による小麦づくり

筑紫平野では、米づくりが終わったあとの耕地で**小麦**や大麦をつくる**二毛作**が行われていて、収穫量はともに日本有数です。最近は、ラーメン用の小麦の「**ラー麦**」が開発されました。コシが強く、歯切れがよいのが特ちょうで、県内のラーメン店で使用されています。「博多ラーメン」が有名な福岡県ならではの品種といえます。

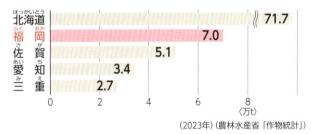
小麦の収穫量が多い都道府県

都道府県	収穫量（万t）
北海道	71.7
福岡	7.0
佐賀	5.1
愛知	3.4
三重	2.7

（2023年）（農林水産省「作物統計」）

農業 全国有数のいちごの産地

福岡県は、栃木県と並ぶ**いちご**の産地です。栽培されている品種のほとんどは、福岡県で開発された「**あまおう**」です。「**あ**かい、**ま**るい、**お**おきい、**う**まい」の頭文字をとって名づけられた「あまおう」は、名前のとおり、赤く、つやがあり、果実が大きく、甘さと酸味のバランスがよいのが特ちょうです。

ラー麦の穂

まめちしき　いちごは、木の実ではなく野菜です。しかし、果物と同じように食べられていることから、「果実的野菜」に分類されます。

農業　高級茶の八女茶づくり

福岡県の八女市周辺は、八女茶とよばれる高級茶づくりで知られています。八女茶の歴史は古く、室町時代に中国から帰国した禅宗の僧が茶の種子をもち帰り、栽培技術を教えたことが始まりとされます。八女は降水量が多く、昼と夜の気温差が大きく、霧が発生しやすい地域です。この気候が上質なお茶の栽培に適していたことから、茶がつくられるようになりました。

▶八女市にある茶畑 （©福岡県観光連盟）

漁業　有明海ののりの養しょく

福岡県は、玄界灘と響灘、周防灘、有明海という、特ちょうが異なる三方の海に囲まれています。玄界灘と響灘は日本海に続いており、沖合を流れる対馬海流にのってやってくる、あじ、さば、ぶり、まだい、ふぐなどの好漁場となっています。

波のおだやかな瀬戸内海の一部である周防灘では、しゃこ、わたりがに、かれいなどがとれます。また、早くからくるまえびの栽培漁業が行われています。

干潟が広がる有明海では、のりの養しょく（→p.30）が行われ、その収獲量は日本有数です。

工業　久留米市のタイヤ工業

久留米市では、明治時代の終わりごろから足袋の生産が行われていました。大正時代になるとゴム底の地下足袋が生産されるようになり、昭和時代の初めになるとゴムづくりの技術をいかして、タイヤの製造会社が設立されました。久留米市には現在もタイヤ工場があり、ここでつくられたタイヤが世界各地へと輸出されています。

工業　石炭産業と鉄鋼業で発展した北九州北部

北九州市周辺では、近くの筑豊炭田でとれる石炭を利用して、19世紀末ごろから石炭産業が発達しました。1901年には八幡製鉄所が建てられ、筑豊炭田の石炭や中国から輸入した鉄鉱石を利用して鉄鋼業が発達し、日本を代表する北九州工業地帯（地域）が形成されました。

しかし、1960年代以降、エネルギーの中心が石炭から石油にかわると石炭産業はおとろえ、炭鉱はすべて閉山しました。また、鉄鉱石の主要な輸入先が中国ではなくなったことから、地理的な優位性を失い、鉄鋼の生産も減っていきました。しかし、現在も北九州市は福岡県で最も工業生産額が多い都市となっています（2022年）。

▶臨海部に形成された北九州工業地帯（地域） （ピクスタ）

工業　苅田町と宮若市の自動車工業

1960年代に石炭産業が衰退した福岡県では、県や市町村が企業を誘致した結果、1970年代に苅田町で大手自動車メーカーの日産自動車の工場が建設され、自動車工業が発達しました。さらに1990年代には九州自動車道が通る宮若市にも、別の大手自動車メーカーの工場が進出しました。その後、北九州市と久留米市にも大きな自動車工場が建設されました。このように、福岡県をはじめ九州地方には自動車関連の工場が多くあり、「カーアイランド」とよばれています。

▶うめ立て地につくられた苅田町の自動車工場 （国土地理院）

伝統工芸

訪日外国人観光客にも人気の博多人形

福岡県では、博多織、久留米絣、小石原焼、博多人形、八女提灯などが、国の伝統的工芸品に指定されています。博多人形は1600年に福岡城が築かれた際に集められた職人がつくった、素焼きの人形が始まりとされています。江戸時代後半になると全国に知られるようになり、明治時代には国際的な博覧会で高い評価を受けました。現在は日本を代表する人形として、海外からの観光客のお土産としても人気があります。

▶博多人形
粘土を焼いて型をとり、ひとつひとつ丁寧に色つけをする。 （©福岡県観光連盟）

キーワード　栽培漁業とは、魚介類を稚魚・稚貝から人工的に育ててから放流し、大きくなってから漁獲する漁業のことです。

交通 陸・海・空の交通ネットワークの中心！

　福岡市は九州地方の交通の拠点のひとつです。福岡市にあるJR博多駅は**東海道・山陽新幹線**と**九州新幹線**の発着駅で、東京、名古屋、大阪の大都市圏と九州地方各地を結ぶ役割をになっています。また、博多湾にある**博多港**からは、日本各地、世界各地とコンテナ船の定期便が運航しています。**福岡空港**は都心部からのアクセスにすぐれ、日本の主要都市のほかアジアの主要都市と結ばれており、アジアへの玄関口としての役割を果たしています。
　北九州市は本州への玄関口にあたり、門司港、小倉港などの国際的な貿易港があります。また、海上の人工島にある北九州空港では日本各地のほか、中国や韓国などと定期便が運航しています。

▲ 関門海峡をはさんだ北九州市(左側)と山口県下関市

関門トンネルには、人道があってなんと　歩いて移動できるんだ

▲ 博多港国際ターミナル
韓国の釜山行きのフェリーと高速船が運航している。博多港と釜山港は高速船で4時間弱の距離。

テーマ学習

『アジアへの玄関口・福岡県』

　大陸に近い福岡県は、古くから中国や朝鮮半島と人の行き来が活発で、大陸への窓口としての役割を果たしてきました。現在、福岡県には中国や韓国だけでなく、アジア各地から観光などで多くの人々が訪れます。なかでも、福岡市は「アジアのリーダー都市」を目指して、さまざまな取り組みを進めています。

▶ 福岡県と大陸とのつながりの歴史を調べよう。
▶ アジアとの関わりから誕生した福岡名物について、調べよう。

▲ 現在の福岡港

文化がわかる！　中国・朝鮮半島との交流の歴史が息づく！

大陸に近い福岡県では、中国からおくられた金印が出土した志賀島や元寇の防塁跡など、大陸とのつながりを感じることができる場所がたくさんあります。古代、大陸との外交を扱う役所の**大宰府**が置かれ、九州の中心として繁栄しましたが、その後は**博多港**が中国と朝鮮半島との交易で栄えました。現在、博多港は国際貿易港として発展し、博多港のある福岡市では、博多どんたく港まつりや博多ラーメン、屋台街などの独特の文化を楽しむことができます。

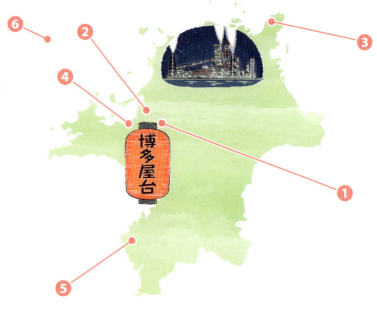

「どんたく」はオランダ語で「ゾンターク(休日)」を意味するんだって！

① 太宰府天満宮（太宰府市）

（太宰府天満宮）

「学問の神様」菅原道真をまつる、全国にある天満宮の総本宮。多くの受験生がお参りにくる。道真にまつわるうめの木が現在も残る。

② 博多どんたく港まつり（福岡市）

（©福岡県観光連盟）

毎年5月に行われ、見物客は約200万人。老若男女が思い思いの仮装をして三味線をひいたり、しゃもじを鳴らしたりして町を練り歩く。

ふるさと情報

有名人

（太宰府天満宮）

菅原道真
(845～903年)平安時代の学者、詩人、政治家。政争にやぶれて、大宰府に左遷される。死後は天神様としてまつられ、「学問の神様」としてうやまわれている。

黒田長政
(1568～1623年)安土桃山時代から江戸時代にかけての武将。豊臣秀吉と徳川家康に仕えた。関ヶ原の戦いの勝利に貢献し、福岡藩の初代藩主となった。

北原白秋
(1885～1942年)明治から昭和時代の詩人、歌人、童謡作家。柳川市出身。詩歌集『東京景物詩』、童謡「赤い鳥」などの作品がある。

方言

しぇからしか	→ うるさい
はがいか	→ くやしい
あいらしか	→ かわいらしい
えずい	→ 怖い

③ 門司港レトロ地区(北九州市)

(ⓒ福岡県観光連盟)

明治時代から昭和初期まで国際貿易港として栄えた門司港の面影を残す地区。当時の税関や洋館が残る。

④ 元寇防塁跡(福岡市)

(福岡市)

鎌倉時代に元軍(モンゴル軍)の来襲に備えて築かれた防塁(石塁)の遺跡。博多湾の海岸に沿って約20kmにわたってめぐらせた防塁の一部が、今も残っている。

歴史や文化を深めよう 博多の屋台街

福岡市を代表する文化として、博多の屋台があります。屋台が出始めたのは、第二次世界大戦後まもなくのことです。市内にある屋台の数は200軒以上で、博多ラーメン、焼き鳥、てんぷら、おでん、鉄板焼き、中華、フレンチ、イタリアンなど、さまざまな屋台が立ち並びます。夜になると、仕事帰りのサラリーマンや観光客が屋台にあふれ、にぎわいます。

(ⓒ福岡県観光連盟)

● 博多の屋台街
天神地区や中洲、長浜の屋台街がとくに有名。

⑤ 柳川の水郷風景(柳川市)

(ⓒ福岡県観光連盟)

詩人の北原白秋のふるさと柳川市は、クリーク(水路)がはりめぐらされた風光明媚な町。クリークを小舟で下る川下りが人気。

⑥ 沖ノ島(宗像市)

(ⓒ福岡県観光連盟)

玄界灘に浮かぶ小島。「神宿る島」といわれ、4世紀後半から9世紀にかけて、大陸への航海の安全をいのる国家的な祭りが行われた(世界文化遺産)。

郷土料理

辛子明太子

(ピクスタ)

すけとうだらの卵(たらこ)を唐辛子の入った調味料に漬け込んだ博多名物の珍味。

博多ラーメン

(ⓒ福岡県観光連盟)

豚骨を煮込んでとる白濁のスープと、まっすぐな細麺のラーメン。久留米市でも同様に白濁、細麺のラーメンが有名。

若鶏の水炊き

(ⓒ福岡県観光連盟)

皮や骨がついたままの鶏肉を長時間煮立ててとったスープに、鶏肉や野菜などを入れた鍋料理。

がめ煮

(写真提供:福岡市)

鶏肉、野菜、さといもなどを炒めて、だし汁と調味料を入れて煮た料理。一般的には、「筑前煮」として知られる。

佐賀の県土と海を図案化。中央の円は豊かさと発展性を表す。

★のりと伊万里・有田焼の産地!

佐賀県

面積	2441km² (42位) [2024年]
人口	79.5万人 (42位) [2023年]
県庁所在地	佐賀市
市町村数	10市10町 [2024年]

自然と人々がわかる! ★★★Saga

有明海に干潟、北部にリアス海岸!

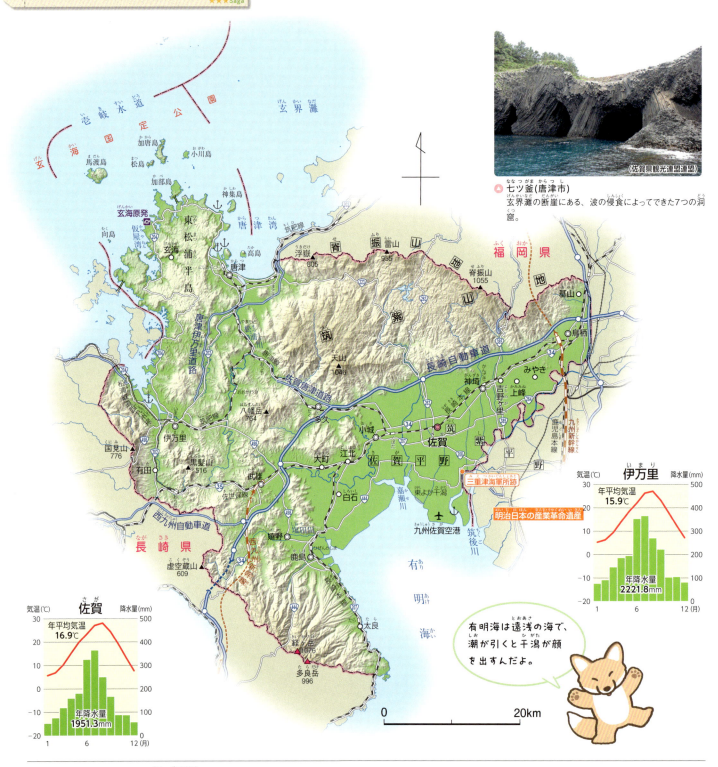

七ツ釜(唐津市)
玄界灘の断崖にある、波の侵食によってできた7つの洞窟。

伊万里
年平均気温 15.9℃
年降水量 2221.8mm

佐賀
年平均気温 16.9℃
年降水量 1951.3mm

有明海は遠浅の海で、潮が引くと干潟が顔を出すんだよ。

★日本一情報　佐賀県は、えび類の漁獲量が日本一(2023年)。

人口構成の割合
65歳以上 31.7%
0～14歳 12.9%
15～64歳 55.4%

県の花：クスの花

県の木：クスノキ

県の鳥：カササギ(カチガラス)

▲ 有明海に広がる干潟

地形　Saga

佐賀県は九州の北西部に位置し、玄界灘と有明海に面しています。福岡県との県境に**筑後川**が流れ、流域に**筑紫平野**が広がります。**有明海**には日本最大級の**干潟**が広がっています。玄界灘に向かって突き出た東松浦半島の西側には入り組んだ**リアス海岸**がみられます。北東部から南西部にかけては、筑紫平野を取り囲むように山地と丘陵地が広がり、長崎県との県境には火山の経ヶ岳と多良岳がそびえます。

気候　Saga

沖合を流れる**対馬海流**の影響で全体的に温暖な気候ですが、南部は夏と冬、昼と夜の気温差が大きい内陸性の気候の特ちょうがみられます。中央部の山地は北部と南部に比べて降水量が多く、冬に雪が降ることもあります。北部は冬の北西からの**季節風**の影響で、やや雨が多く降ります。

人口　Saga

面積が小さいうえに、九州地方で最も人口が少なく、全国的にみても下位です。人口の約3割にあたる約23万人(2023年)が県庁所在地の佐賀市に集中しています。県内で人口が10万人をこえる都市は、佐賀市と唐津市(約12万人)の2都市のみです。

★日本一情報　佐賀県は、鯛の年間消費量が全国1位(2019～2021年平均)。おめでたいことがあると、鯛をふるまう習慣があります。

産業がわかる！ ★★★Saga

有明海でのりの養しょくがさかん！
伊万里・有田焼、唐津焼の産地！

佐賀県は耕地面積にしめる水田の割合が8割をこえ、**米づくり**がたいへんさかんです。また米の裏作としてつくられる**小麦**や**大麦**の収穫量は全国有数です。このほか、れんこん、いちご、アスパラガスなどの野菜の栽培がさかんで、畜産物では**佐賀牛**が知られています。

工業では、食料品や輸送用機械のほか、最近は半導体の工場が進出しています。

▲浜野浦の棚田（玄海町）（佐賀県観光連盟）

標高
500〜1400m
200〜500m
0〜200m

0　　20km

農業産出額の内訳
（2022年）（農林水産省「生産農業所得統計」）

- その他
- 米 17.5%
- 畜産 27.8
- 工芸作物 1.4
- 花き 3.1
- 果物 14.0
- 野菜 31.8

合計 1307億円〈全国24位〉

米づくりは、山の斜面を切り開いてつくった棚田でも行われているよ。

工業生産額の内訳
（2022年）（総務省・経済産業省「経済構造実態調査」）

- その他
- 食料品 18.5%
- 電子部品 12.2
- 輸送用機械 9.4
- 化学 8.7
- 電気機械 7.0

合計 2兆2944億円〈全国37位〉

◎ 有明海ののりの養しょく…海に立てた棒にのり網を張り、のりの胞子を育てる。

農業　水不足を克服した米づくり

佐賀県は山地の面積が小さく、平野を流れる川が少ないため、かつては米づくりに必要な水が不足しがちでした。しかし、**クリーク**とよばれる水路や電気ポンプなどのかんがい設備を整備することによって、米づくりを発展させてきました。米づくりがさかんな地域は、有明海沿岸に広がる佐賀平野（筑紫平野の佐賀県側）です。この地域では、江戸時代から**干拓**によって農地を広げてきました。

近年は曲がりくねったクリークをまっすぐにするなどの区画整理が進んで、大型の農業機械が導入できるようになり、効率よく農作業ができるようになりました。

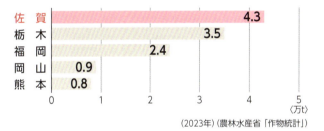

二条大麦の収穫量が多い都道府県

佐　賀	4.3
栃　木	3.5
福　岡	2.4
岡　山	0.9
熊　本	0.8

（2023年）（農林水産省「作物統計」）

▷ 佐賀平野にみられる曲がりくねったクリーク

農業　たまねぎを中心とする野菜の二毛作

佐賀県は全国有数の**たまねぎ**の産地です。とくに栽培がさかんなのは佐賀平野南部の白石町で、県内でつくられているたまねぎの約7割が白石町でつくられています。栄養豊富な土壌が広がる干拓地でつくられたたまねぎは、あまみがあって、生で食べてもおいしいと評判です。また、れんこんの栽培もさかんで、県全体の収穫量は全国有数です。

農業　米の裏作として行われる麦類の栽培

佐賀平野では米づくりが終わったあとの耕地で、**小麦**や**大麦**（二条大麦など）が栽培されています。同じ耕地で1年間に2種類の作物をつくる**二毛作**となっています。

二条大麦はビールや焼酎の原料として、また、小麦はうどんやパン、麺の原料として利用されています。

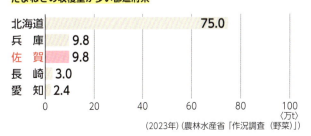

たまねぎの収穫量が多い都道府県

北海道	75.0
兵　庫	9.8
佐　賀	9.8
長　崎	3.0
愛　知	2.4

（2023年）（農林水産省「作況調査（野菜）」）

まめちしき　ムツゴロウはえら呼吸と皮膚呼吸の両方ができるため、有明海のような干潟の上でも長く行動できます。

農業　全国一のハウスみかんの産地

佐賀県南部の日当たりのよい山の斜面では、**みかん**の栽培がさかんです。自然の中でつくる露地みかんのほか、北部ではビニールハウスの中でつくるハウスみかんも多く、ほぼ1年を通じて出荷されています。露地みかんは鹿島市、太良町が中心、ハウスみかんは唐津市を中心に栽培されています。また、温州みかん（一般的にみかんとよばれるもの）とオレンジを交配させてつくった「**清見**」は、佐賀県の特産品として、人気があります。

ハウスみかんの収穫量が多い都道府県

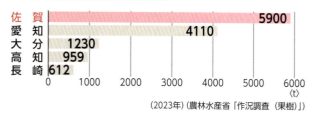

(2023年)（農林水産省「作況調査（果樹）」）

農業　佐賀牛の生産

佐賀県の畜産業は、肉用牛と肉用にわとりの生産が中心です。肉用牛のうち、一定以上の基準を満たした上質の黒毛和牛は「**佐賀牛**」のブランドで売り出されています。

肉用にわとりでは、抗生物質をふくまない飼料で育てられた高品質の「**骨太有明鶏**」、豚肉では、肉のきめ細かさとやわらかい食感が特ちょうの「**肥前さくらポーク**」がブランド品として売り出されています。

漁業　有明海ではのりの養しょく

有明海には多くの川が流れこみ、栄養分をたっぷりふくんだ水と土砂が運ばれてきます。また、海の塩分濃度も**のり**の養しょくに適し、干満の差が大きいため太陽の光をたっぷりあびることができます。これらの条件にめぐまれた有明海に面する佐賀県、福岡県、熊本県の養しょくのりの収穫量はいずれも全国有数です。

養しょくのりの収穫量が多い都道府県

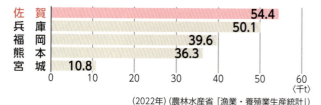

(2022年)（農林水産省「漁業・養殖業生産統計」）

漁業　呼子のいかをはじめとする玄界灘の漁業

沖合を暖流の対馬海流が流れる**玄界灘**は、いか、たい、ぶり、かんぱち、あじ、いわしなど、魚介類が豊富です。とくに知られているのが、唐津市の**呼子**で行われる**いか**漁です。いか漁は夜中に照明をつけた漁船で出かけ、照明に集まったいかを一本釣りします。水あげされたいかを生きたまま素早くさばいた「いかの活きづくり」は、呼子の名物料理として人気です。

▶ 呼子名物の「いかの活きづくり」
（佐賀県観光連盟）

工業　食料品工業と半導体産業が発達

佐賀県ではかつては石炭産業がさかんでしたが、1960年代にエネルギーの中心が石炭から石油にかわるとおとろえました。現在は地元でとれた農畜産物を加工する**食料品工業**が発達しています。また、近年は佐賀市、伊万里市、鳥栖市など各地に**半導体**の研究機関や工場が進出し（→p.46）、重要な産業の1つになっています。

高速道路のジャンクションがある鳥栖市は物流の拠点であるほか、江戸時代から製薬業が行われています。また、古くから陶磁器や石炭の積み出し港があった伊万里市の臨海部には、造船業や木材関連の産業が発達しています。

伝統工芸

全国を代表する陶磁器の産地

佐賀県では、**伊万里・有田焼**と**唐津焼**の2種の陶磁器が国の**伝統的工芸品**に指定されています。伊万里・有田焼は有田町、伊万里市、嬉野市などでつくられている陶磁器です。16世紀末の豊臣秀吉による朝鮮侵略の際に連れ帰った焼き物職人の**李参平**が、原料となる陶石を発見したことに始まります。これが日本初の磁器であるといわれています。

唐津焼は唐津市や武雄市、多久市などで、茶器、花器、徳利などがつくられています。

● 伊万里・有田焼
透き通るような白地が特ちょう。
（佐賀県観光連盟）

まめちしき　陶磁器は、陶器と磁器を合わせたよび方。そのちがいは原料で、陶器は主に「陶土」とよばれる土を原料にし、磁器は「陶石」とよばれる石を原料にしています。

交通 九州地方を東西南北にめぐる交通網の結び目！

江戸時代につくられた長崎街道に沿うように、JRの長崎本線と高速道路の長崎自動車道がつくられました。県内の自動車交通の要所は、**鳥栖市**です。鳥栖市には九州自動車道と大分自動車道、長崎自動車道が接続する鳥栖ジャンクションがあり、九州地方の重要な輸送の拠点です。また、新鳥栖駅は九州新幹線の停車駅でもあります。2022年には武雄温泉駅と長崎県の長崎駅を結ぶ**西九州新幹線**が部分開業し、長崎県への移動時間が短縮されました。

航空網では、九州佐賀国際空港によって東京や大阪と結ばれています。海上交通では伊万里港と韓国や中国との間で貨物船が定期運航されています。

● 西九州新幹線の武雄温泉駅
今後、武雄温泉駅から新鳥栖駅がつながり、博多駅と長崎駅を結ぶという計画である。

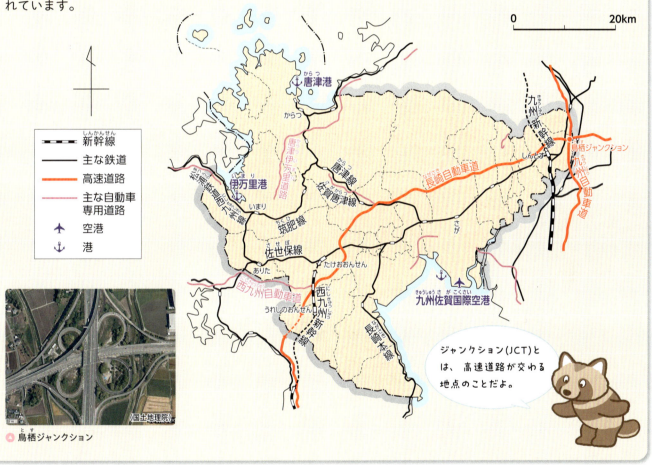

● 鳥栖ジャンクション

ジャンクション(JCT)とは、高速道路が交わる地点のことだよ。

テーマ学習

『佐賀県のエネルギー』

かつて日本では石炭がエネルギーの中心で、炭鉱があった佐賀県でも石炭産業が発達しました。その後、エネルギーの中心が石油となり、現在は地球温暖化対策として、石炭や石油といった化石燃料からの脱却と、再生可能エネルギーへの転換が進んでいます。

▶ 佐賀県の石炭産業の歴史について、調べよう。
▶ 佐賀県には、どのような発電所があるか調べよう。

● 玄海町次世代エネルギーパーク「あすぴあ」

文化がわかる！ ★★★Saga

吉野ヶ里遺跡は弥生時代の「くに」！
日本を代表する焼き物の里！

　中国や朝鮮半島に近い佐賀県は、古くから大陸とのつながりが深い地でした。唐津市にある菜畑遺跡には、日本最古とされる水田跡があり、早くからこの地で米づくりが行われていたことがわかります。また、弥生時代の遺跡である**吉野ヶ里遺跡**は、この地で大規模な集落が発達していたことを示しています。

　佐賀県を語る上で欠かせないのが、陶磁器の生産です。**伊万里・有田焼、唐津焼**は佐賀県だけでなく、日本を代表する陶磁器として人気があります。

唐津くんちの曳山は、何百枚もの和紙をはり重ね、漆を何度も塗ったものなんだって！

② 唐津くんち（唐津市）

毎年11月に唐津神社で行われる秋祭りで、五穀豊穣に感謝する祭りとされる（諸説あり）。笛や太鼓のリズムに合わせて、2～4トンもある獅子や龍の曳山（山車）を引いて市内を練り歩く。ユネスコの無形文化遺産に登録されている。
（佐賀県観光連盟）

① 吉野ヶ里遺跡（吉野ヶ里町、神埼市）

弥生時代の1～3世紀ごろにつくられた大規模な環濠集落の跡。当時使われていた木製の農耕具や金属製の武器などが出土し、物見やぐらや高床倉庫などが復元されている。
（佐賀県）

ふるさと情報

有名人

大隈重信
(1838～1922年)明治時代の政治家。立憲改進党を結成し、2度にわたって内閣総理大臣を務めた。東京専門学校(現在の早稲田大学)を創設した。
（国立国会図書館）

長谷川町子
(1920～1992年)昭和時代～平成時代の漫画家。国民的まんが、アニメの『サザエさん』をえがいた。死後、国民栄誉賞を受賞した。

江藤新平
(1834～1874年)明治時代の政治家。板垣退助と民撰議院設立の建白書を提出した。のちに「佐賀の乱」を起こすも敗北し、処刑された。

方言

やぐらしか	→ うるさい
ちゃーぎゃー	→ とても
おらぶ	→ 叫ぶ
えすか	→ 怖い

❸ 佐賀インターナショナルバルーンフェスタ(佐賀市)

(佐賀県観光連盟・佐賀バルーンフェスタ組織委員会)

毎年10月下旬から11月上旬に行われる国際熱気球大会。目的地までどれだけ近づけるかを競うバルーン競技のほか、夜間の気球のライトアップなど、さまざまなイベントが行われる。

❹ 虹の松原(唐津市)

(佐賀県観光連盟)

唐津湾沿いに約5kmにわたって約100万本のくろまつが群生する松原(松の林)。17世紀初めに唐津藩主がくろまつを植林したのが始まりとされる。三保の松原(静岡県)、気比の松原(福井県)とともに、日本三大松原に数えられる。

歴史や文化を深めよう　干潟で行われるムツゴロウ漁

有明海の干潟では、ムツゴロウというハゼ科の魚が干潟に巣穴をほってくらしています。この地域では、ムツゴロウをとるのに、「むつかけ」とよばれる伝統的な漁が行われています。むつかけは、潮が引いたときに長いさおを用いて、針でひっかけます。有明海の風物詩といえるこの漁も、現在は行う人が少なくなっています。

(サイネットフォト)
▲ ムツゴロウ漁の様子

❺ 有田陶器市(有田町)

(佐賀県観光連盟)

毎年4月末～5月初めに開かれる陶器市。大正時代に陶磁器の品評会といっしょに大売出しをしたことをきっかけに開かれるようになった。

❻ ガタリンピック(鹿島市)

(J・Sフォト)

毎年5月下旬か6月上旬に有明海の干潟で行われるイベント。泥んこになりながら、綱引きや自転車競走、ガタスキー競争などを行う。

郷土料理

ふなんこぐい
こんぶで巻いたふなを、だいこんなどといっしょに煮込んだ料理。骨まで食べられるようにやわらかく仕上げる。
(佐賀県観光連盟)

ムツゴロウの蒲焼
ムツゴロウを串にさして素焼きにし、砂糖、しょうゆ、みりんとともに煮込んだ料理。
(佐賀市観光連盟)

須古ずし
白石町須古地区で500年前から伝わる料理。ムツゴロウやしいたけ、ごぼう、錦糸卵などをのせた寿司で、祭り事や祝い事の際に食べる。
(佐賀市観光連盟)

呉豆腐のごましょうゆかけ
葛やでんぷんを加えて固めた豆腐(一般的な豆腐は豆乳ににがりを加えて固める)。やわらかくてモチモチした食感が特ちょう。
(佐賀市観光連盟)

県の頭文字の「N」と平和の象徴である「はと」を図案化。

★中国と西洋の影響を受けた文化。原子爆弾で大きな被害。

長崎県

面積	4131km² (37位) [2024年]
人口	126.7万人 (30位) [2023年]
県庁所在地	長崎市
市町村数	13市8町 [2024年]

自然と人々がわかる！ ★★★Nagasaki

日本で一番島が多く、リアス海岸が続く

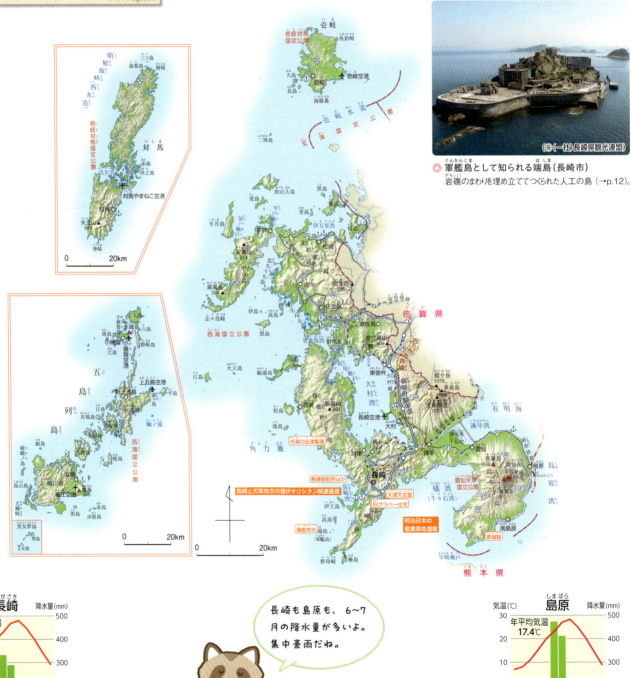

軍艦島として知られる端島（長崎市）
岩礁のまわりを埋め立ててつくられた人工の島（→p.12）。
(©(一社)長崎県観光連盟)

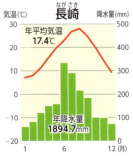

長崎　年平均気温 17.4℃　年降水量 1894.7mm

長崎も島原も、6～7月の降水量が多いよ。集中豪雨だね。

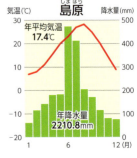

島原　年平均気温 17.4℃　年降水量 2210.8mm

★日本一情報　長崎市は、名物カステラの年間消費支出が5884円で日本一（2023年）。2位と約4700円もはなれています。

人口構成の割合

- 0〜14歳 **12.1%**
- 15〜64歳 **53.6%**
- 65歳以上 **34.3%**

県の花：**ウンゼンツツジ**

県の木：**ヒノキ、ツバキ**

県の鳥：**オシドリ**

🌸 リアス海岸と大小200を超える島々からなる九十九島（佐世保市）

地形　Nagasaki

長崎県は九州の北西部に位置し、対馬、壱岐、五島列島など、1479の島々をかかえます（全国一）。入り組んだ**リアス海岸**がみられ、海岸線の長さは北海道に次いで全国第2位です。山がちな地形で、平地はほとんどありません。島原半島にある**雲仙岳**は活火山です。その中の普賢岳は1990年に噴火し、翌年には大規模な火砕流が発生して、大きな被害が出ました。

気候　Nagasaki

沖合に暖流の**対馬海流**が流れる影響で、全体的に温暖な気候です。沿岸部や島々は、海洋の影響を強く受ける気候で、寒暖の差は小さいのですが、内陸部や島原半島では、昼と夜、夏と冬の気温差が大きい内陸性の気候の特ちょうがみられます。

降水量が多い時期は**梅雨**どきに集中し、集中豪雨による土砂くずれなどの被害を受けやすい県といえます。

人口　Nagasaki

県人口の約3分の1にあたる約40万人（2023年）が、県庁所在地の**長崎市**に集中しています。次いで**佐世保市**が人口約24万人をかかえています。山間部や離島では、少子高齢化と**過疎化**が進んでいます。

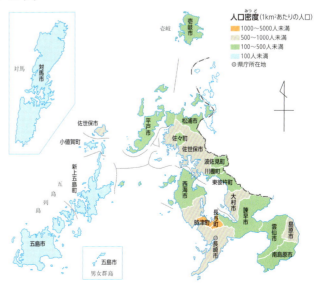

⭐ 日本一情報　長崎県は、あじ類の漁獲量が日本一（2023年）。

産業がわかる！
★★★ Nagasaki

好漁場にめぐまれ、漁業がさかん！
造船業と先端技術産業が発達！

山がちな長崎県は、平地が少ないため稲作はさかんではありません。農業の中心は**肉用牛**の飼育をはじめとする畜産ですが、野菜や果物の栽培もさかんです。海に囲まれ、好漁場にめぐまれているため漁業がさかんで、湾内では**真珠**、**ふぐ類**、まだいなどの養しょくが行われています。工業は古くから**造船業**が行われていますが、諫早市や大村市に半導体メーカーなどの工場が進出しており、先端技術産業が造船と並ぶ中心産業へと発達しています。

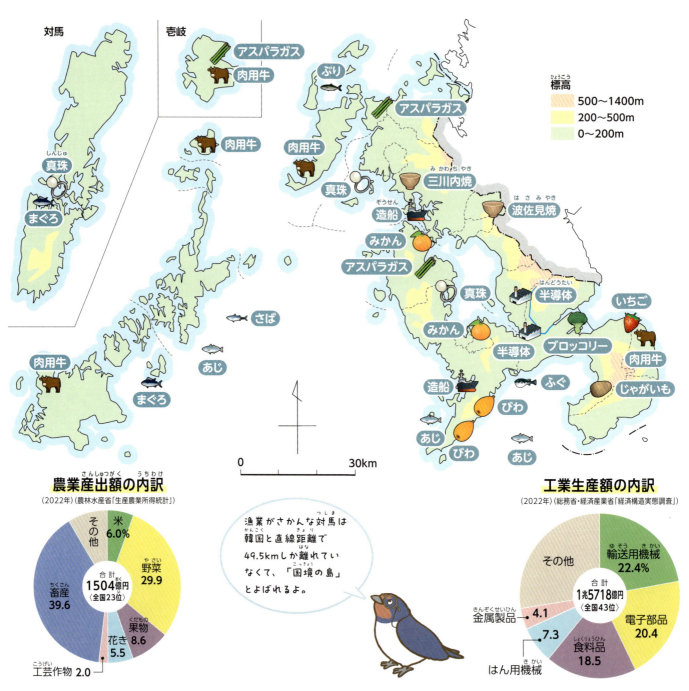

農業産出額の内訳
(2022年)（農林水産省「生産農業所得統計」）

- 米 6.0%
- 野菜 29.9
- 果物 8.6
- 花き 5.5
- 工芸作物 2.0
- 畜産 39.6
- その他

合計 1504億円〈全国23位〉

漁業がさかんな対馬は韓国と直線距離で49.5kmしか離れていなくて、「国境の島」とよばれるよ。

工業生産額の内訳
(2022年)（総務省・経済産業省「経済構造実態調査」）

- 輸送用機械 22.4%
- 電子部品 20.4
- 食料品 18.5
- はん用機械 7.3
- 金属製品 4.1
- その他

合計 1兆5718億円〈全国43位〉

まめちしき　佐世保市にある日本最大のテーマパーク「ハウステンボス」の中には、最長6キロメートルの運河があります。

農業　棚田での小規模な稲作

　山がちで平地が少ない長崎県では、大規模な稲作はあまり行われていません。かわりに山の斜面を切り開いてつくった階段状の**棚田**で、小規模な稲作が行われています。等高線沿いに開かれた棚田は、形を整えるのが難しく、大型の農業機械を使えません。このため、農作業はとても手間がかかります。

▶土谷棚田（松浦市）
（Ⓒ（一社）長崎県観光連盟）

農業　温暖な気候をいかした果物づくり

　温暖な長崎県では、暖かい気候に適した果物の栽培がさかんです。江戸時代から栽培されている**みかん**は、大村湾から佐世保湾に面した地域を中心に栽培されています。収穫量は全国有数で、長崎県生まれの「原口早生」や「させぼ温州」などの品種がつくられています。

　江戸時代から栽培されている**びわ**の収穫量は長年にわたって日本一です。栽培の中心は長崎半島で、露地栽培とハウス栽培で、2月上旬から6月中旬まで出荷されます。

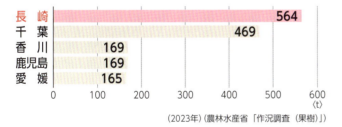

びわの収穫量が多い都道府県
- 長崎　564
- 千葉　469
- 香川　169
- 鹿児島　169
- 愛媛　165

(2023年)(農林水産省「作況調査（果樹）」)

農業　島原半島のじゃがいも栽培

　長崎県は約400年前に、日本で初めて**じゃがいも**が伝わった場所とされています。現在は島原半島などで栽培がさかんです。長崎県では、4〜6月ごろに収穫する春作と、12〜2月ごろに収穫する秋作の二期作が行われています。

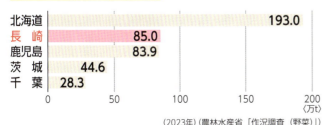

じゃがいもの収穫量が多い都道府県
- 北海道　193.0
- 長崎　85.0
- 鹿児島　83.9
- 茨城　44.6
- 千葉　28.3

(2023年)(農林水産省「作況調査（野菜）」)

農業　諫早湾の干拓地での農業

　広大な干潟（干潮になると現れる砂や泥からなる海底）が広がる**諫早湾**では、鎌倉時代末期から**干拓**が行われてきました。国は1980年代から、洪水対策や農地拡大のために、この干潟で本格的な干拓事業を進めました。1997年には巨大な堤防で湾内がしめ切られ、2008年に干拓が完了しました。干拓地では、キャベツ、レタス、たまねぎ、ブロッコリー、ミニトマトなどの野菜の栽培が行われていますが、湾内がしめ切られたのち赤潮がひんぱんに発生するようになり、諫早湾でのりの養しょくは行われなくなりました。

農業　島や山間部でさかんな肉用牛の生産

　長崎県は全国有数の肉用牛の産地で、「**長崎和牛**」のブランドが知られています。飼育・生産の中心は五島列島、壱岐、対馬などの離島や山間部です。

漁業　めぐまれた漁場で行われる漁業

　海に囲まれ、複雑な海岸が広がる長崎県は、魚類の宝庫です。東シナ海は**大陸棚**が広がる好漁場で、沖合を流れる暖流の対馬海流と韓国の済州島のあたりから流れてくる冷水の影響で、多くの魚が集まります。県内には長崎港、松浦港、佐世保港といった日本有数の漁港があり、**沿岸漁業**や**沖合漁業**でとれた**あじ**、さば、**いわし**、ぶり、**くろまぐろ**など、多種多様な魚類が水あげされます。

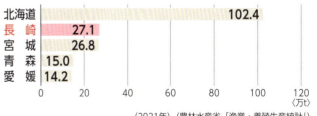

漁獲量の多い都道府県
- 北海道　102.4
- 長崎　27.1
- 宮城　26.8
- 青森　15.0
- 愛媛　14.2

(2021年)(農林水産省「漁業・養殖生産統計」)

漁業　さかんな養しょく業

　リアス海岸が多く、水面がおだやかな湾が多い長崎県では、湾内での**養しょく業**がさかんです。養しょくされるのは、**真珠**、**ふぐ**、まだい、**ぶり**、くろまぐろなどです。とくにふぐの生産量は全国の約4割をしめます（2023年）。養しょくの中心となっている大村湾では、真珠やかきが養しょくされています。また、対馬では真珠やくろまぐろの養しょくがさかんです。

まめちしき　じゃがいもはインドネシアのジャカルタから伝わりました。「ジャカルタから来たいも＝じゃがたらいも」からじゃがいもになったといわれます。

◎佐世保市にある造船所

工業 古くから行われている造船業

長崎県では、長崎市と佐世保市を中心に**造船業**がさかんです。長崎市の造船業の歴史は古く、江戸時代末に幕府が国内初の艦船修理工場を設立したときまでさかのぼります。明治時代から本格的に船舶の建造が始まり、それ以降、県の工業を支えてきました。現在も観光クルーズ船、貨物船、海上作業船など、さまざまな船舶をつくっています。

◎三菱長崎造船所のジャイアント・カンチレバークレーン
1909年から現在まで運転を続けている。世界文化遺産「明治日本の産業革命遺産」の一つ。

工業 諫早市と大村市の先端技術産業

長崎県の中央部は、長崎空港があり長崎自動車道が通るなど、交通の便にめぐまれています。この利点をいかして、**半導体**などの電子部品を製造する工業団地が集中しています。とくに諫早市には大手の電子部品、電気機器メーカーが進出し、県の**先端技術産業**の中心的な役割を果たしています。

大村市にも大村ハイテクパークという工業団地があり、半導体など先端技術産業の研究・開発機関や企業が集中しています。

熊本県と同様、長崎県でも半導体関連産業の集積が活発化しているんだって。

伝統工芸

江戸時代に中国やオランダに輸出された三川内焼

約400年前、天下統一を果たした豊臣秀吉が朝鮮出兵を行ったとき、九州の多くの大名が参加しました。大名たちは帰国時に朝鮮の陶工を連れ帰り、領地で陶磁器づくりを始めました。長崎県では、**波佐見焼**と**三川内焼**がつくられました。鎖国中の江戸時代にも、中国やオランダに向けた輸出用の三川内焼がつくられました。三河内焼は、高級品として海外の王侯貴族に愛されたそうです。

◎三川内焼
白い地肌に藍色の細やかな文様が手書きされる。

交通

遠く離れた島々をフェリーが結ぶ！西九州新幹線も開通

離島が多い長崎県では、**フェリー**が重要な役割をになっています。県内には100以上の港湾があり、長崎市や佐世保市など九州本土の各地から、離島への定期便が運行しています。本土側には、鉄道と道路がはりめぐらされています。諫早駅はJRの長崎本線と大村線、私鉄の島原鉄道が通り、県の南北と佐賀県とをつなぐ交通の要所です。2022年には佐賀県の武雄温泉駅〜長崎駅間で**西九州新幹線**（九州新幹線西九州ルート）が開通し、佐賀県との移動時間が短縮されました。空の便では世界初の本格的な海上空港として建設された**長崎空港**が、日本やアジアの主要都市を結びます。

壱岐の港と福岡県の博多港を結ぶ高速ジェットフォイル

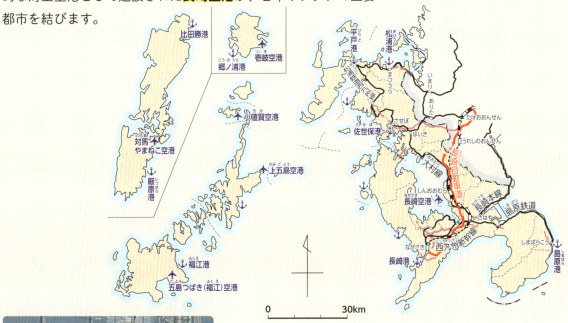

西九州新幹線…長崎駅〜武雄温泉駅（佐賀県）を結ぶ。

テーマ学習

『ノーベル平和賞を受賞した日本被団協』

軍艦を製造するなど軍事的に重要な都市だった長崎市は、1945年8月9日、アメリカ軍により原子爆弾を投下され、壊滅的な被害を受けました。この悲劇を二度とくり返さないように、長崎市は世界中に核兵器の廃絶と平和をうったえ続けています。2024年には、広島・長崎の被爆者が結成している日本被団協が、ノーベル平和賞を受賞しました。

▶ 長崎市の核兵器の廃絶に向けた行動について、調べよう。
▶ 日本被団協の活動内容について、調べよう。

ノーベル平和賞を受賞した日本被団協代表委員ら

文化がわかる！ ★★★Nagasaki

西洋と中国の影響を受けた文化が残る！カステラとちゃんぽんが有名

大陸に近い長崎県は、古くから中国や朝鮮半島とのつながりが深い県です。**壱岐**も**対馬**も、ふるくから朝鮮との貿易の拠点として栄えました。江戸時代に日本は鎖国(他国との交流を統制すること)しましたが、長崎では中国、オランダとの貿易が行われ、対馬は朝鮮半島との窓口となりました。このため、県内には大陸の様式の建物や町並みが多く残るほか、長崎くんちやしっぽく料理などの祭りや食文化にもその影響がみられます。

長崎市には、日本三大中華街の一つに数えられる長崎新地中華街があるよ。

② 大浦天主堂(長崎市)

(ⓒ(一社)長崎県観光連盟)
写真掲載については長崎大司教区の許可をいただいています。

江戸時代末期に建てられた、日本に現存する最古の教会。16世紀末に殉教した二十六聖人にささげるために建てられた。「長崎と天草地方の潜伏キリシタン関連遺産」(世界文化遺産)の一つ。

① 長崎くんち(長崎市)

(ⓒ(一社)長崎県観光連盟)

長崎の氏神、諏訪神社の秋の大祭で、毎年10月に開かれる。中国文化の影響を受けた「龍踊」や「唐人船」、オランダ文化の影響を受けた「阿蘭陀船」など、さまざまな演目が披露される。

ふるさと情報

有名人

(国立国会図書館)

長岡半太郎
(1865〜1950年)明治時代〜昭和時代の物理学者。原子のしくみを説明した土星型原子模型をつくり、日本物理学の基礎を築いた。

中浦ジュリアン
(1569?〜1633年)安土桃山時代〜江戸時代初期のキリスト教徒。16世紀後半に天正遣欧使節の一人として、ローマを訪問した。帰国後はキリスト教の布教に務めた。

シーボルト
(1796〜1866年)ドイツの医学で、19世紀前半、長崎のオランダ商館の医師として来日。鳴滝塾という塾を開き、医学や博物学を教えた。

方言

おっちゃける	→ 落ちる
さかとんぼ	→ さかさま
ばってん	→ けれども
やぐらしか	→ うるさい

③ グラバー園(長崎市)

明治時代の洋館が並ぶ公園。イギリス人商人のグラバーが住んだ住宅は1863年に建てられた日本最古の木造洋館で、「旧グラバー住宅」として、世界文化遺産「明治日本の産業革命遺産」の一つに登録されている。

④ 平和祈念像(長崎市)

原子爆弾の犠牲者の冥福を祈るために、長崎平和公園につくられた像。空を指した右手は原子爆弾の脅威を、水平にのばした左手は平和を意味している。

⑤ 眼鏡橋(長崎市)

1634年につくられた日本初のアーチ型石橋。川面に映った影と二連になった橋の姿が眼鏡に見えるので、この名がついたといわれる。

⑥ ハウステンボス(佐世保市)

17世紀のオランダなどヨーロッパの町並みを再現したテーマパーク。オランダ語で「森の中の家」を意味する。

⑦ 雲仙地獄(雲仙市)

地面から水蒸気が上がり、硫黄のにおいがただようさまが地獄のようなため、この名がついた。江戸時代初期にはキリスト教徒の処刑が行われたことがあった。

歴史や文化を深めよう

潜伏キリシタンがくらした集落

江戸時代、幕府はキリスト教の信仰を禁止しました。しかし、長崎県の五島列島や島原半島、熊本県の天草諸島には、たくさんの潜伏キリシタン(かくれてキリスト教を信仰する人)が住んでいました。人々はキリスト教徒であることがばれないように、神社にマリア像やキリスト像をかくしたり、貝殻の内側の模様を聖母マリアに見立て信仰したりするなど、さまざまなくふうをしました。現在、人々が生活した集落などは「長崎と天草地方の潜伏キリシタン関連遺産」として、世界文化遺産に登録されています。

◀ 外海の出津集落にある出津教会堂

郷土料理

しっぽく料理

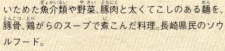

円形のテーブルに中華料理、和食、洋食などさまざまな料理がたくさん並び、各々が取り分けて食べる。

カステラ

安土桃山時代にポルトガル人が長崎に伝えたお菓子を改良してできた。小麦粉、たまご、砂糖、水あめなどを混ぜて焼き上げる。

ちゃんぽん

いためた魚介類や野菜、豚肉と太くてこしのある麺を、豚骨、鶏がらのスープで煮こんだ料理。長崎県民のソウルフード。

トルコライス

長崎市から広まったご当地グルメで、ピラフ、スパゲティ、とんかつなどを一つの皿にもりつけた料理。国名のトルコではなく、3色を意味するトリコロールを由来とする説がある。

「ク」の字を図案化。中央の円は九州の中央の位置を表す。

★「火の国」とよばれ、名城・熊本城がそびえる

熊本県

面積	7409km² (15位) [2024年]
人口	170.9万人 (23位) [2023年]
県庁所在地	熊本市
市町村数	14市23町8村 [2024年]

自然と人々がわかる！ 阿蘇山に世界最大級のカルデラ！ 地下水が豊富！

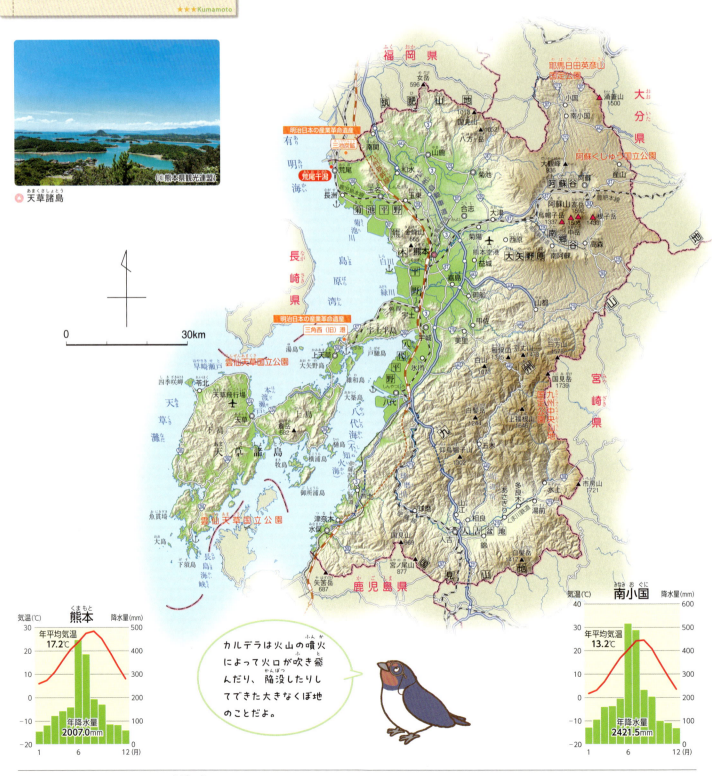

天草諸島

カルデラは火山の噴火によって火口が吹き飛んだり、陥没したりしてできた大きなくぼ地のことだよ。

熊本 年平均気温 17.2℃ 年降水量 2007.0mm

南小国 年平均気温 13.2℃ 年降水量 2421.5mm

★日本一情報　熊本県には1000か所以上の湧き水があります。熊本市は生活用水をほぼ100％地下水にたよっており、「日本一の地下水都市」といわれています。

人口構成の割合
- 0～14歳 12.8%
- 15～64歳 54.9%
- 65歳以上 32.3%

県の花：リンドウ

県の木：クスノキ

県の鳥：ヒバリ

噴煙をあげる阿蘇山の中岳 （©熊本県観光連盟）

地形　Kumamoto

　熊本県は九州の中部に位置し、**有明海**、島原湾、八代海、天草灘に面しています。内陸中央部に**九州山地**が連なり、北東部にある**阿蘇山**は世界最大級の**カルデラ**をもち、現在も火山活動を続けています。宇土半島が島原湾と八代海をへだて、その先に数多くの島々からなる**天草諸島**があり、沿岸には**リアス海岸**がみられます。西側には菊池平野、熊本平野、八代平野が広がり、日本三大急流の1つである球磨川の上流域には人吉盆地があります。

気候　Kumamoto

　太平洋側の気候に属し、夏は降水量が多くなります。熊本平野周辺は山に囲まれた盆地のような地形のため、寒暖の差が大きい**内陸性の気候**の特ちょうがみられます。宇土半島から天草諸島にかけては冬も温暖で、霜が降りることはほとんどありません。一方の山間部は、夏はすずしく、冬は寒さが厳しくなり積雪もみられます。

人口　Kumamoto

　熊本県の人口は、県庁所在地の**熊本市**に集中しています。熊本市は人口約73万人（2023年）で、**政令指定都市**になっています。熊本市のほかに人口が10万人をこえるのは、八代市のみです。人口密度は熊本市を中心とする沿岸部で高く、山間部で低くなっていて、山間部では**過疎化**が進んでいます。

★日本一情報　熊本県美里町にある釈迦院御坂遊歩道の階段は3333段もあり、石段としては日本一。

産業がわかる！ ★★★Kumamoto

トマトなど、野菜の栽培がさかん！自動車工業や半導体産業が発達！

熊本県は農業産出額が全国有数の農業県です。とくに**トマト**、なす、すいかなど、野菜の栽培がさかんです。また、今ではめずらしくなった**い草**の栽培も行われています。

森林資源にめぐまれているため木材の生産がさかんで、漁業では、のり、たい、くるまえびなどの養しょくがさかんです。

工業では、豊富な水資源をいかして企業を誘致した結果、自動車、食料品、**半導体**の製造が発達しました。

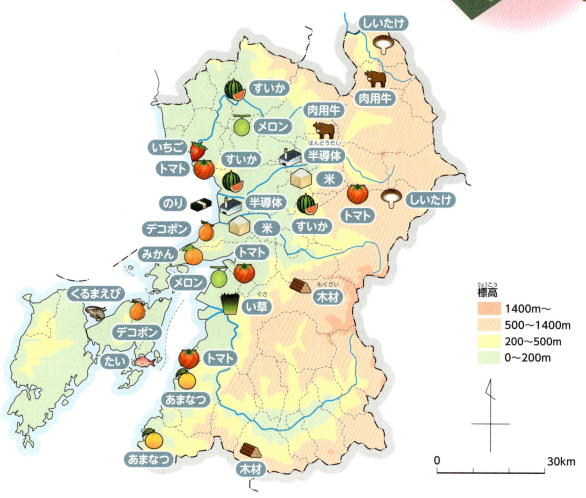

標高
- 1400m～
- 500～1400m
- 200～500m
- 0～200m

0　30km

農業産出額の内訳
(2022年)（農林水産省「生産農業所得統計」）

- 米 7.9%
- 野菜 35.5
- 果物 10.3
- 花き 3.0
- 工芸作物 2.1
- 畜産 37.7
- その他

合計 3512億円〈全国5位〉

塩分が多い干拓地でトマトを栽培すると、逆にあまいトマトができあがるんだ。こうしてつくられた「くまもと塩トマト」の糖度は8～10度もあるよ(通常の大玉トマトは5～6度)。

工業生産額の内訳
(2022年)（総務省・経済産業省「経済構造実態調査」）

- 生産用機械 23.6%
- 輸送用機械 12.0
- 食料品 11.6
- 電子部品 10.9
- 化学 6.0
- その他

合計 3兆4786億円〈全国28位〉

○ ビニールハウスを使ったトマトの栽培

農業　トマトを中心とする野菜づくり

熊本県は、全国でも有数の野菜の生産県です。とくに収穫量が多いのが**トマト**で、温暖な海沿いの平野で秋から春に、阿蘇山などの高原の地域で夏から秋にトマト栽培をすることで、熊本県産のトマトは、一年中出荷することができます。他にも、なす、**すいか**、メロン、いちごなどの収穫量はいずれも全国有数です。

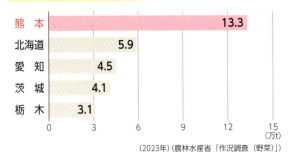
トマトの収穫量が多い都道府県

熊 本	13.3
北海道	5.9
愛 知	4.5
茨 城	4.1
栃 木	3.1

（単位：万t）
（2023年）（農林水産省「作況調査（野菜）」）

農業　平野部での米づくりと裏作のい草づくり

熊本県は、九州地方では福岡県と並んで米づくりがさかんな県です。米づくりは、阿蘇山周辺などの山間部から熊本平野、菊池平野などの平野部、海岸地域の天草諸島にいたる広い範囲で行われています。全国的に栽培されているコシヒカリ、ヒノヒカリのほか、熊本県で開発された「**森のくまさん**」、「**くまさんの輝き**」などが栽培されています。

八代平野では、米づくりが終わったあとの耕地で、裏作として、ござや畳表の材料となる**い草**の栽培がさかんです。い草の栽培は16世紀ごろから始まったとされ、県全体のい草の収穫量は全国の100％近くをしめています。畳が使われなくなっていることや中国産の安いい草が輸入されていることから、収穫量は減少傾向にありますが、ランチョンマット、コースター、バッグなど、新たな商品が開発されています。

○ い草の栽培（八代平野）

農業　温暖な海沿いではかんきつ類の栽培

天草諸島や宇土半島など、温暖で日当たりのよい海沿いの傾斜地では、みかん、夏みかん、はっさく、ネーブル、不知火、晩白柚など、**かんきつ類**の栽培がさかんです。不知火のうち、糖度と酸度の基準を満たしたものは**デコポン**とよばれ、熊本県が収穫量日本一です。また、世界最大級のかんきつ類の**晩白柚**は熊本県の特産品で、全国の収穫量の9割以上をしめます。収穫されたかんきつ類は、そのまま食べられるほか、ジュースやお菓子などに加工されています。

まめちしき　九州新幹線全線開業をきっかけに生まれた熊本県PRマスコットキャラクターの「くまモン」は、海外でも人気があります。

農業　阿蘇山周辺で行われる農業

かつて、阿蘇山周辺は栄養分のとぼしい火山性の土壌が広がり、農業にあまり適していませんでした。しかし、長年にわたって土地改良を行うことによって、米や野菜づくりがさかんになりました。この地域は高地で夏でもすずしいため、他の地域からの出荷が減る夏に**キャベツ**などの高原野菜を出荷しています。また、すずしい気候に適した品種の**トマト**や、アスパラガス、ほうれんそう、だいこん、いちごなどの栽培も行われています。

山ろくの広大な牧草地では、「**あか牛**」とよばれる褐色の和牛を中心とした肉用牛の飼育がさかんです。

▶ 阿蘇山ろくでのあか牛の放牧　　（Ⓒ熊本県観光連盟）

林業　めぐまれた森林をいかした林業

九州山地が連なる熊本県は森林面積が広く、木材生産量は全国有数です。とくに、**すぎ**、**ひのき**の生産量は多く、小国町は「**小国すぎ**」の産地として知られています。熊本県ではほかにも、**たけのこ**、黒炭、乾しいたけなどの林産物の生産もさかんです。

水産業　内海で行われる養しょく業

熊本県が面する島原湾、八代海は外海からへだてられた内海のため、水面がおだやかです。この条件をいかして、**養しょく業**が行われています。島原湾と八代海の干潟（干潮になると現れる砂や泥からなる海底の地形）では**のり**の養しょく（→p.30）が行われていて、県全体の収穫量は全国有数です。八代海と天草諸島では、**まだい**、**くるまえび**の養しょくがさかんで、こちらも全国有数の収穫量です。

また、東シナ海とつながる天草灘では、さば、あじ、いわし、たこ、いかなどがとれます。

▶ 天草諸島で養しょくされたくるまえび　（Ⓒ熊本県観光連盟）

工業　九州の半導体産業の中心地

半導体の製造に欠かせないきれいな水が豊富な熊本県では、1960年代後半に半導体の工場が建設されました。さらに、九州自動車道や熊本空港などの交通網が整備されて輸送が便利になると、熊本県をはじめ九州各地に半導体工場が次々とつくられ、九州は「シリコンアイランド」とよばれるほどになりました。しかし、生産の拠点が海外へ移ったり、外国との競争がはげしくなったことで、日本全体の半導体産業は活気を失っていきました。

しかし、近年、熊本県に世界最大手の台湾の半導体メーカーの工場が建設されたことで、九州各地で半導体産業が復活してきています。

工業　食料品と輸送用機械の生産

熊本県では、**食料品**工業も発達しています。人吉盆地を中心とする球磨地方では、米を原料にした**焼酎**の生産がさかんです。この地域でつくられる焼酎は「**球磨焼酎**」とよばれ、全国的に知られています。

輸送用機械の製造も熊本県の工業を支えています。熊本県では、1970年代に広い工業用地ときれいな地下水にめぐまれていることをアピールし、企業を誘致しました。この結果、大手の自動車メーカーなどが進出し、自動車や生産機械の製造がさかんになりました。

伝統工芸

美しい肥後象がん

熊本県では、**小代焼**、**天草陶磁器**、**肥後象がん**、**山鹿灯籠**が国の**伝統的工芸品**に指定されています。肥後象がんは、鉄に金や銀をはめこんで模様をつけたものです。江戸時代初期に始まったとされ、当時は鉄砲や刀のつばにほどこされていましたが、現在は指輪、ペンダント、ブローチなどのアクセサリーに多く使われています。また、手すき和紙と糊だけでつくられる山鹿灯籠は、置物やインテリアとして用いられています。

（学研写真資料）
▶ 肥後象がんの工芸品

キーワード　シリコンは半導体に使われる素材。シリコンアイランドは、半導体産業が発達したアメリカの「シリコンバレー」にちなんで名づけられました。

交通　九州の北と南を結ぶ交通網！

熊 本県の南北は、JR鹿児島本線と肥薩おれんじ鉄道、九州自動車道で結ばれています。**九州新幹線**が全線開業したことによって、南北の移動はさらに便利になりました。また、豊肥本線で大分県と結ばれ、内陸部を走る肥薩線で鹿児島県と結ばれます。

空港は阿蘇くまもと空港と天草空港があり、阿蘇くまもと空港は国内の主要都市のほか、台湾や韓国のソウルとも結ばれています。

熊本市内には路面電車の**熊本市電**が走り、市民の足として親しまれています。

熊本市電は2024年に開業100周年をむかえたよ。

▲ 熊本市内を走る熊本市電

▲ 南阿蘇鉄道のトロッコ列車

テーマ学習

『水俣病の経験をいかした町づくり』

1950〜60年代にかけて、水俣市では四大公害病の一つである**水俣病**が発生し、大きな社会問題になりました。この経験を教訓に、水俣市は積極的に環境問題に取り組み、現在は政府によって環境モデル都市に選定されています。

▶ 水俣病はどのような病気なのか、調べよう。
▶ 水俣市では、環境を守るためにどのような取り組みをしているか、調べよう。
▶ 水俣病を風化させず、次世代に伝えるために、私たちは何を行ったらよいか、考えてみよう。

▲ 水俣市では、ごみを23種類に分別している。

文化がわかる！
★★★Kumamoto

日本三名城のひとつ、熊本城がそびえる！
天草諸島は島原・天草一揆の舞台

熊本県は「火の国」とよばれています。その由来には、阿蘇山の噴火で上がる炎、古墳時代にこの地を治めた豪族・火の君などさまざまな説があります。熊本市には日本三名城のひとつ熊本城が築かれ、城下町が発展しました。約400年前に築かれた熊本城は、「武者返し」とよばれた高い石垣など、優れた防衛技術がほどこされた名城です。

鹿児島県とまたがる天草諸島は、江戸時代に厳しく禁じられていたキリスト教関連の史跡が残っています。また、きれいな湧き水にめぐまれ、全国の「名水百選」に、県内の8か所が選ばれています。

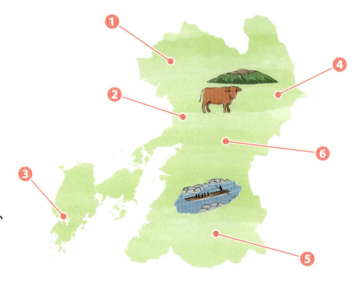

熊本城をつくった加藤清正は熊本の発展の基礎を築いた人物として親しまれているよ。

① 山鹿灯籠まつり（山鹿市）

（©熊本県観光連盟）

毎年8月に大宮神社で行われる祭り。約1000人もの浴衣姿の女性が金灯籠を頭にのせ、「よへほ節」のメロディーに合わせて踊る。

② 熊本城（熊本市）

（©熊本県観光連盟）

加藤清正が1601年から約6年の年月をかけて築城した。名古屋城、大阪城とともに、日本三名城に数えられている。2016年に熊本地震で被災し、現在は復旧作業が30年計画で進められている。

ふるさと情報

有名人

（国立国会図書館）

北里柴三郎
(1852～1931年)明治～昭和時代の細菌学者。ドイツに留学し、破傷風菌の血清療法やペスト菌を発見した。「近代日本医学の父」とよばれる。北里研究所を創設した。

天草四郎（益田時貞）
(1621?～1638年)江戸時代初期のキリスト教徒。1637年に起こった島原・天草一揆の総大将として民衆を率いたが、戦死した。

石牟礼道子
(1927～2018年)昭和～平成時代の作家、環境運動家。水俣病患者とその家族の苦しみをえがいた作品『苦海浄土』を発表した。

方言

うーばんぎゃー	→ 大ざっぱだ
あばかん	→ たくさん
ひっちゃかましか	→ めんどくさい
とぜんなか	→ さみしい、たいくつだ

③ 天草﨑津集落(天草市)

(©熊本県観光連盟)

江戸時代に潜伏キリシタン(キリスト教をかくれて信仰した人々)が住んでいた集落。絵踏(キリスト教徒でないことを証明するために、聖母マリアやキリストなどがえがかれた像を踏ませたこと)が行われていた場所に、﨑津教会が建てられている。

④ 阿蘇の火振り神事(阿蘇市)

(©熊本県観光連盟)

毎年3月に阿蘇神社で行われる豊作を願う行事の一つ。氏子がたいまつの火を振り回して、農業の神様の結婚を祝う。

歴史や文化を深めよう 平家の落人伝説

熊本県は、平安時代末期に栄えた平家とのゆかりが深い土地でした。このため、平家落人(追っ手から逃れる平家の人々)の伝説が多くあります。九州山地の山奥にある五家荘とよばれる地域は、平家落人が暮らしたとされる場所です。ここには平家の里とよばれる施設があり、平家落人伝説にまつわる遺品を展示した資料館や、平家にまつわる伝統芸能などを見ることができます。

(©熊本県観光連盟)
● 平家の里

⑤ 球磨川下り(人吉市)

(©熊本県観光連盟)

日本三大急流の一つ球磨川の急流を木製の小舟で下る。もともとは、参勤交代や住民たちの交通・物資の輸送に利用されていた。

⑥ 通潤橋(山都町)

(©熊本県観光連盟)

江戸時代にかんがいのためにつくられた石橋。日本最大級の石造りのアーチ水道橋で、国宝に指定されている。観光用に行われる放水が人気。

郷土料理

馬刺し

馬肉を生のまま、しょうが、おろしにんにくなどの薬味といっしょに、しょうゆにつけて食べる。
(©熊本県観光連盟)

太平燕
中華スープに春雨と、炒めた野菜、豚肉、えび、たけのこ、かまぼこなどを入れた具だくさんの料理。
(©熊本県観光連盟)

高森田楽

阿蘇高森町の料理。さといも、豆腐、やまめなどを串に刺し、味噌を塗って、炭火であぶって食べる。
(©熊本県観光連盟)

からしれんこん

れんこんの穴に味噌とからしを混ぜたものを入れて、衣をつけて油で揚げた料理。
(農林水産省HP)

「大」を円形にデザインし、県民の仲のよさ、県の発展を表す。

★ 温泉が豊富で、特産品のかぼすが有名！

大分県

面積	6341km² (22位) [2024年]
人口	109.6万人 (34位) [2023年]
県庁所在地	大分市
市町村数	14市3町1村 [2024年]

自然と人々がわかる！ リアス海岸から火山まで、変化に富んだ地形！

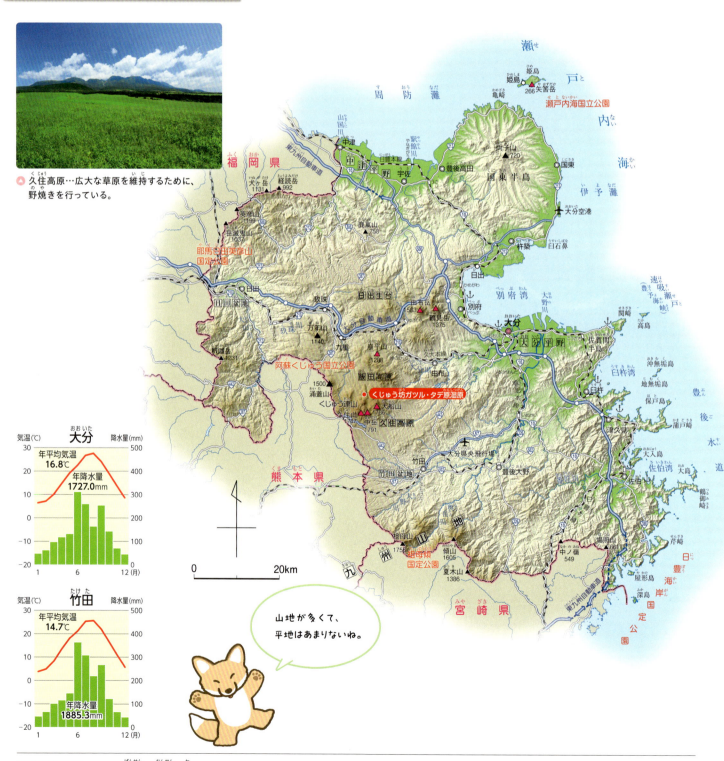

● 久住高原…広大な草原を維持するために、野焼きを行っている。

大分 年平均気温 16.8℃ 年降水量 1727.0mm

竹田 年平均気温 14.7℃ 年降水量 1885.3mm

山地が多くて、平地はあまりないね。

★日本一情報　大分県は、源泉数（温泉が湧き出る場所）の数が5000か所をこえ日本一（2022年）。

人口構成の割合
0〜14歳 **11.6%**
15〜64歳 **54.2%**
65歳以上 **34.2%**

県の花：ブンゴウメ　県の木：ブンゴウメ　県の鳥：メジロ

🍁 紅葉に染まった耶馬渓…大昔に火山活動によって噴出した溶岩が固まり、川にけずられたできた渓谷。

地形　Oita

　大分県は九州地方の北東部に位置します。瀬戸内海に面し、別府湾の北には**国東半島**が突き出ています。県面積の約7割が山地で、**くじゅう連山**の久住山、大船山などの火山や多くの温泉地があります。南部の豊後水道沿岸には、入り組んだ**リアス海岸**が続きます。

気候　Oita

　高低差が大きく、変化に富んだ地形の大分県では、地域ごとに気候の特ちょうが大きく異なります。北部は**瀬戸内の気候**の特ちょうがみられ、雨が少なく、くもりの日が多い気候です。南部は夏は多雨、冬は晴天の太平洋側の気候の特ちょうがみられます。内陸の山間部は降水量が多く、冬は雪も降ります。

人口　Oita

　大分県の人口の約4割にあたる約48万人（2023年）が県庁所在地の**大分市**に集中しています。大分市のほかに人口が10万人をこえているのは、**別府市**のみです。山間部では**過疎化**が進んでいます。

人口密度（1km²あたりの人口）
500〜1000人未満
100〜500人未満
100人未満
◎県庁所在地

★日本一情報　山地が多い大分県は、道路トンネルの数が562本で日本一（2021年）。

51

産業がわかる！

臨海部で重化学工業と鉄鋼業が発達！

大分県では、**かぼす**の栽培がさかんで、収穫量は日本一（2021年）です。かぼすのほかには、米などが栽培されています。山地が多いため林業がさかんで、**すぎ**の木材や**乾しいたけ**が生産されています。漁業では、関あじ、関さばが高級魚として知られ、養しょくひらめの漁獲量は日本一です。

大分市の臨海部では**石油化学工業**や**鉄鋼業**が発達し、くじゅう連山では**地熱発電**が行われています。

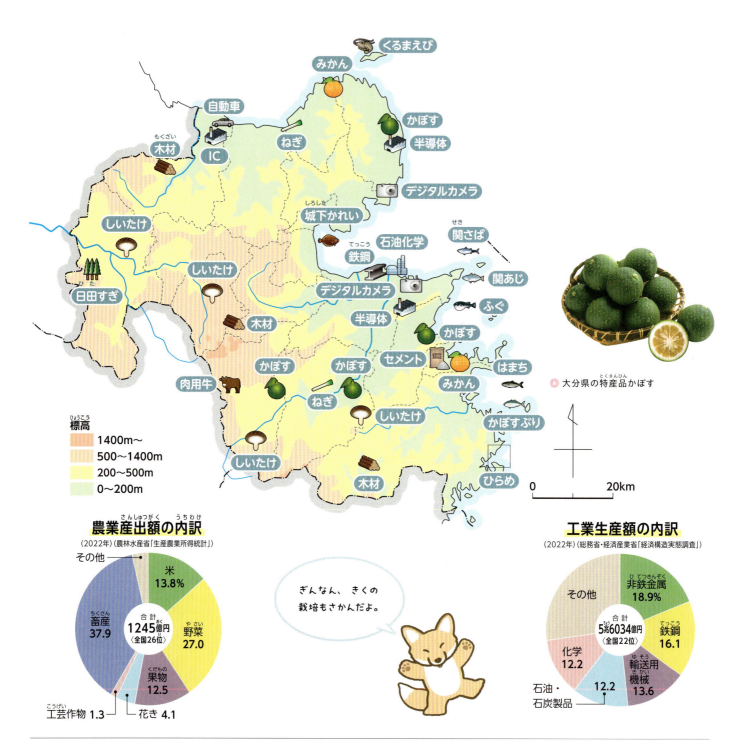

▲ 大分県の特産品かぼす

農業産出額の内訳
（2022年）（農林水産省「生産農業所得統計」）

- 米 13.8%
- やさい 27.0
- くだもの 12.5
- 花き 4.1
- 工芸作物 1.3
- 畜産 37.9
- その他

合計 1245億円（全国26位）

ぎんなん、きくの栽培もさかんだよ。

工業生産額の内訳
（2022年）（総務省・経済産業省「経済構造実態調査」）

- 非鉄金属 18.9%
- 鉄鋼 16.1
- 輸送用機械 13.6
- 石油・石炭製品 12.2
- 化学 12.2
- その他

合計 5兆6034億円（全国22位）

まめちしき　大分県では、地元の特産品で地域おこしをはかる「一村一品運動」を1980年から始めて、全国的に広まりました。

農業　かぼす、ハウスみかんの栽培

大分県では、日当たりのよい山の斜面でかんきつ類の栽培がさかんです。とくに、臼杵市、竹田市、豊後大野市などで栽培されているかぼすは、全国の収穫量のほとんどを大分県がしめています。かぼすは、焼魚や鍋料理の調味料や薬味として使われるほか、ジュースなどに加工されます。

また、杵築市や国東半島沿岸部、津久見市などでは、ビニールハウスを使ったハウスみかんの栽培がさかんです。ビニールハウスの中で温度を調整することによって、露地栽培よりも早い時期に出荷することができます。

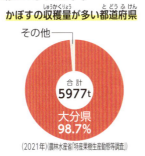
かぼすの収穫量が多い都道府県
その他
合計 5977t
大分県 98.7%
(2021年)（農林水産省「特産果樹生産動態等調査」)

農業　白ねぎ、こねぎの栽培

干拓地から高原地域まで標高差が大きい大分県では、標高差をいかした時期におうじてねぎを栽培することによって、一年を通じてねぎが出荷されています。白ねぎ（長ねぎ）は豊後高田市や宇佐市の干拓地で露地栽培されています。ミネラルを多くふくむ干拓地の土壌は、甘みが多く、風味のよい白ねぎを育てます。こねぎは一般的には万能ねぎ、青ねぎとよばれるねぎです。主産地は宇佐市と国東市で、ビニールハウスの中で栽培されています。

農業　肉用牛の生産

大分県では、久住高原や飯田高原を中心に、黒毛和牛の飼育がさかんです。大分県で飼育される黒毛和牛は「豊後牛」とよばれ、全国的に知られています。豊後牛の歴史は古く、大正時代には全国品評会で一等賞になりました。その後、品種改良が進められ、とくに品質の高いものは「おおいた和牛」のブランドで売り出されています。

●久住高原で飼育される豊後牛

林業　日田すぎ、乾しいたけの生産

山地が多く森林資源が豊富な大分県では、古くから林業がさかんです。木材の生産量は全国有数で、とくにすぎの生産がさかんです。日田市は「日田すぎ」とよばれるすぎの産地で、筑後川の水運をいかして古くから木材の集積地となり、木材加工業も発展しました。

また、原木栽培（天然の木を使ってきのこを栽培する方法）による乾しいたけの生産がさかんで、県全体の生産量は日本一です（2023年）。

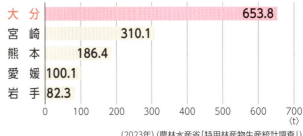
乾しいたけの生産量が多い都道府県
大　分　653.8
宮　崎　310.1
熊　本　186.4
愛　媛　100.1
岩　手　82.3
(2023年)（農林水産省「特用林産物生産統計調査」)

水産業　高級魚の関あじ、関さば、城下かれい

大分県の東部の佐賀関の沖には速吸瀬戸（豊予海峡）があります。この海峡はえさが豊富で流れが速いため、ほどよく太り、身のしまったあじ、さばの一本釣りが行われています。佐賀関で水あげされたあじ、さばは「関あじ」、「関さば」のブランドで知られ、高級魚として人気があります。

また、日出町の日出城跡の崖の下にある真水が湧き出す海中では、「城下かれい」とよばれる まこがれい が漁獲されます。真水で育ったため、身が泥くさくなく、高級魚として知られます。

（大分市観光協会）
●関さば

水産業　リアス海岸での、ひらめの養しょく

大分県南部の豊後水道に面した海岸は、入り組んだリアス海岸が続きます。この地域の湾内では、水面がおだやかな条件をいかして、ぶり（はまち）、まだい、ひらめなどの養しょくが行われ、その収穫量は全国有数です。特産品のかぼすをエサにまぜたものは「かぼすひらめ」、「かぼすぶり」とよばれます。

また、姫島は、くるまえびの養しょくで知られます。

養しょくひらめの収獲量が多い都道府県
大　分　5.0
鹿児島　3.7
愛　媛　2.7
長　崎　1.5
宮　崎　1.3
(2022年)（農林水産省「海面漁業生産統計調査」)

●キーワード　露地栽培とは、ビニールハウスなどの施設を使わず、屋外の畑で栽培する方法です。

◯ 大分市の臨海部にある石油化学コンビナート

工業　大分市の臨海工業地域

大分県は、福岡県に次いで九州地方で2番目に工業生産額が多い県です。**大分市**の別府湾の臨海部では1960年代にうめ立てが進んで、石油化学コンビナートや製鉄所、火力発電所がつくられました。これによって**石油化学工業**や**鉄鋼業**が発達し、九州を代表する工業地域となりました。近年は電子部品、医療機器などの企業も進出しています。

また、1980年代に国東半島の大分空港の近くに**半導体**の工場がつくられ、現在はデジタルカメラの製造も行われています。

工業　津久見市のセメント工業

津久見市は日本有数の**石灰石**（セメントの原料）の産地です。この地域では、江戸時代から石灰石の採掘が始まりました。大正時代の1910年代に鉄道が開業するとセメント工場が進出し、本格的にセメントの生産が始まりました。津久見市のセメントの生産量は国内有数で、現在も津久見市の中心的な工業となっています。

エネルギー　くじゅう連山の地熱発電所

くじゅう連山にある九重町には**八丁原発電所**（→p.14）があり、火山の地下熱や蒸気を利用した**地熱発電**が行われています。八丁原発電所が生み出す発電量は地熱発電としては日本最大で、全国の地熱発電による発電量の4割以上をしめています。地熱発電は、地球温暖化が進む現在、**再生可能エネルギー**の一つとして注目されています。

◯ くじゅう連山にある八丁原地熱発電所

伝統工芸

森林資源をいかした木工品

大分県は、竹、ひのき、すぎなど、森林資源にめぐまれています。そのため、これらを材料にした木工品づくりが古くから行われています。**別府市**では、湯治に訪れた人々の生活用品や土産物として竹製品がつくられてきました。現在、別府の竹細工は、**別府竹細工**として、国の伝統的工芸品に指定されています。つげの木でつくった**別府つげ細工**、日田すぎを使った**日田下駄**もあります。

◯ 別府竹細工の製品

まめちしき　石灰石からつくったセメントに砂利や水を混ぜるとコンクリートになり、建築、道路に使われます。

交通 「九州の東の玄関口」として陸・海・空とも交通が発達！

大分県では、県庁所在地の大分市が交通の中心となっています。鉄道は大分駅を中心にJRの日豊本線、久大本線、豊肥本線が通り、隣接する各県と結ばれています。道路では、福岡県から鹿児島県を結ぶ**東九州自動車道**が通り、南北の移動をスムーズにしています。海上交通では、大分港や別府港が本州の大阪南港や四国の八幡浜港などと定期便で結ばれているほか、世界の港との間で貨物船が運航しています。

空路では、**大分空港**が東京、名古屋、大阪など国内の主要都市と結ばれているほか、近隣のアジアの都市との間で定期便が運航しています。

特急「ゆふいんの森」
福岡県の博多駅と大分県の由布院駅、別府駅を結ぶ観光列車。

九州東部にある大分県と宮崎県には、新幹線は通っていないよ。

別府港に停泊中の大阪南港行きのフェリー

（注）日田彦山線の福岡県添田駅〜大分県日田駅間は、豪雨災害により運休中。現在この区間は、JR九州バスの運営によるバス高速輸送システム日田彦山線BRT（ひこぼしライン）が運行（2025年1月現在）。

テーマ学習

『温泉を活用した地域おこし』

由布院温泉は今でこそ国内外から多くの観光客がやってくる温泉地ですが、かつては訪れる人の少ないさびれた温泉地でした。1970年代〜1980年代、全国で温泉地の大型化、リゾート化が進むなか、由布院温泉では地域のよさをいかした独自の町づくりを進めました。その結果、今では年間400万人以上が訪れる全国有数の人気温泉地になりました。

▶ 由布院温泉では、どのような温泉づくりが進められたのか、調べよう。
▶ 大分県の他の地域ではどのような地域おこしが行われているのか、調べよう。

由布院駅前の町並み

文化がわかる！

別府八湯や由布院温泉が有名な温泉県！

大分県は、古くから大陸との交流がさかんだった九州北部の影響下にありました。奈良時代から平安時代にかけて仏教文化が栄え、豊後高田市や臼杵市には石仏が残っています。16世紀には大友氏のもとで繁栄しますが、島津氏に敗れると急激におとろえ、江戸時代には多くの小さな藩に分けられました。この影響で、藩ごとに特産品がつくられ、現在まで続く産業の基礎となりました。

各地で**温泉**が湧き出ていて、源泉数は日本一です。温泉の蒸気を利用した地獄蒸し料理や、**別府八湯の地獄めぐり**など、温泉は大分県の文化、産業と深く結びついています。

別府温泉は、日本で初めてバスガイドによる観光バスが走ったところなんだって。

① ケベス祭（国東市）

毎年10月に櫛来社（岩倉八幡社）で行れる火祭り。奇妙なお面をかぶった「ケベス」と「トウバ」とよばれる当番の氏子が火をうばい合う。火の粉をあびると無病息災になるといわれる。

② 別府八湯（別府市）

別府市にある別府温泉、鉄輪温泉、観海寺温泉など8か所の温泉地。8世紀初めに編さんされた『風土記』に登場する。血の池地獄、竜巻地獄、鬼石坊主地獄など、特色ある温泉をめぐる「べっぷ地獄めぐり」が人気。

ふるさと情報

（国立国会図書館）

有名人

福沢諭吉
（1834～1901年）江戸時代末期～明治時代の思想家、教育者。『西洋事情』、『学問のすゝめ』を著し、西洋の思想を紹介。慶應義塾大学を創設した。

前野良沢
（1723～1803年）江戸時代の蘭学者、医者。杉田玄白らとともに人体解剖書を翻訳し、『解体新書』を出版した。

大友宗麟（大友義鎮）
（1530～1587年）豊後国を治めた戦国時代のキリシタン大名。南蛮貿易を行い、宣教師のザビエルを招いた。天正遣欧使節を派遣した。

方言

むげねえ	→	かわいそう
よだきい	→	めんどうくさい
いばかり	→	わがまま
せちい	→	つらい

③ 臼杵磨崖仏（臼杵市）

平安時代後期から鎌倉時代にかけて、崖に掘られた石仏群。61体の石仏があり、そのすべてが国宝に指定されている。

④ 宇佐神宮（宇佐市）

全国に4万社余りある八幡宮の総本宮（最も格式の高い神社）。奈良時代に創建され、歴史の流れに影響をあたえる多くの神のお告げを発信してきた。本殿は国宝に指定されている。

歴史や文化を深めよう

温泉熱を利用した「地獄蒸し料理」

温泉が豊富な別府では、温泉熱を利用した「**地獄蒸し料理**」が名物です。地獄蒸し料理は、地元でとれたかに、えび、肉、野菜などを、温泉の蒸気で蒸して食べる料理です。とくに自炊をする長期の湯治客が多い鉄輪温泉では、地獄蒸しをする光景がよく見られ、宿の調理場には、地獄蒸しをする場所が設けられています。

地獄蒸し料理 約100度の蒸気で温める。

⑤ 由布院温泉（由布市）

由布岳のふもとにある田園風景に囲まれた温泉。金鱗湖の風景が美しい。

⑥ 高崎山自然動物公園（大分市）

野生のさるをえづけした自然動物園。1000頭前後のにほんざるが生息し、さる独自の社会生活などを観察することができる。

郷土料理

だんご汁

小麦粉をこねてつくっただんごを手で薄く引きのばしてゆで、みそ味の汁や具材とともにいただく。

りゅうきゅう

あじ、たい、たちうお、いわしなどさまざまな魚を、しょうゆ、みりん、酒、ごま、しょうがでつくったたれを和えて食べる。

（農林水産省HP）

とり天

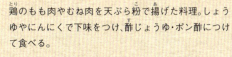

鶏のもも肉やむね肉を天ぷら粉で揚げた料理。しょうゆやにんにくで下味をつけ、酢じょうゆ・ポン酢につけて食べる。

やせうま

古くから親しまれているお菓子。練った小麦粉を平たくのばしてゆで、きなこや砂糖をまぶして食べる。

（農林水産省HP）

古い国名「日向」の「日」の字を中心とし、三方へ向けての躍進を表す。

★促成栽培がさかんな神話のふるさと!

宮崎県

面積	7734km²(14位)[2024年]
人口	104.2万人(35位)[2023年]
県庁所在地	宮崎市
市町村数	9市14町3村[2024年]

自然と人々がわかる！ ★★★Miyazaki

温暖な気候で、火山もある！

▲ フェニックスの並木道が続く日南フェニックスロード

フェニックスは熱帯・亜熱帯地域が原産で、暖かい気候のもとで育つ木だよ。

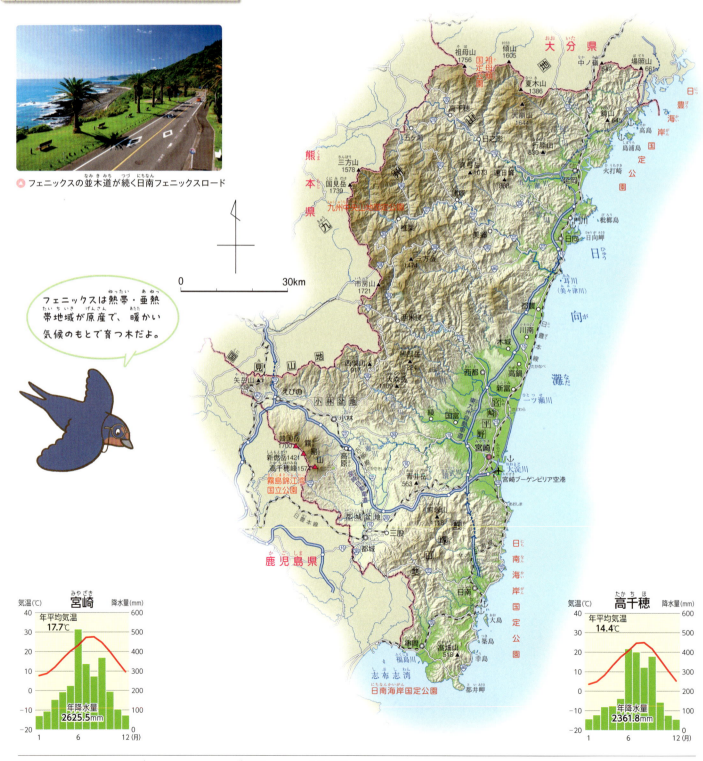

宮崎　年平均気温 17.7℃　年降水量 2625.5mm

高千穂　年平均気温 14.4℃　年降水量 2361.8mm

★日本一情報　宮崎県は一本釣りによる近海かつおの漁獲量が1994年以降、連続して日本一(2023年)。

人口構成の割合

- 0～14歳 **12.7%**
- 15～64歳 **53.6%**
- 65歳以上 **33.7%**

県の花：ハマユウ

県の木：フェニックス（他にヤマザクラ、オビスギ）

県の鳥：コシジロヤマドリ

🔺 霧島連山…韓国岳、高千穂峰、新燃岳など周辺の山々をまとめて霧島連山、霧島山とよぶ。

地形　Miyazaki

　宮崎県は、九州の南東部に位置し、日向灘に面しています。北部から北西部にかけて九州山地が連なり、山地が多く、平地が少ない地形です。南部には韓国岳を最高峰とする霧島連山などの**火山**があり、それらの火山や鹿児島県の桜島（→p.67）から噴出された火山灰や軽石が積もってできた**シラス台地**が広がります。南部の大淀川の上流域には都城盆地、下流域には**宮崎平野**が広がります。中部には長くなだらかな海岸線が続いていますが、北部と南部には、入り組んだ**リアス海岸**がみられます。

気候　Miyazaki

　太平洋側の気候に属し、夏には多くの雨が降ります。沖合に暖流の**黒潮（日本海流）**が流れている影響で、全体的に温暖です。南部の**日南海岸**には、ソテツやフェニックスが群生しています。一方、北部の山間部では冬に雪が降り、スキー場があります。

人口　Miyazaki

　県人口の約3分の1にあたる約40万人（2023年）が、県庁所在地の**宮崎市**に集中しています。人口が10万人をこえる都市は、宮崎市、都城市、延岡市の3都市で、九州地方の中では佐賀県に次いで人口が少ない県です。宮崎市などの太平洋側の都市に対して、西部の山間部では人口密度が低く、**過疎化**が進んでいます。

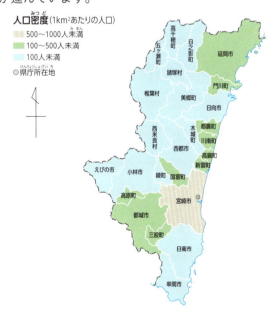

人口密度（1km²あたりの人口）
- 500～1000人未満
- 100～500人未満
- 100人未満
- ◎県庁所在地

まめちしき　宮崎県は、平均気温、快晴日数、日照時間などのめぐまれた気候から、プロスポーツのキャンプ数が沖縄県と並んで多い。

産業がわかる！

豚と肉用牛の飼育がさかん！宮崎平野で促成栽培！

　宮崎県は農業がさかんな県で、農業産出額は全国で10位以内に入ります。となりの鹿児島県とともに**シラス台地**が広がり、豚、**肉用牛**、肉用にわとりの飼育がさかんです。また、冬でも温暖な宮崎平野で行われている野菜の早づくり（**促成栽培**）は、県の重要な産業ともいえます。林業では飫肥すぎ、漁業ではまぐろ、かつおの水あげ量が多いことで知られています。

　工業は、沿岸の地域の延岡市で化学工業が発達しているほか、最近は**半導体**産業が進出しています。

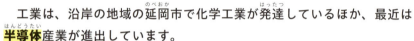

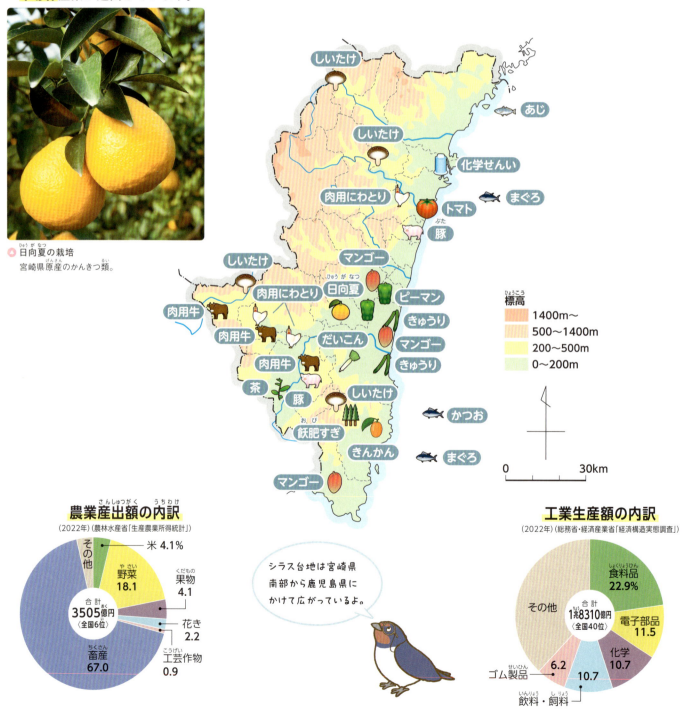

↑日向夏の栽培
宮崎県原産のかんきつ類。

農業産出額の内訳
（2022年）（農林水産省「生産農業所得統計」）
合計 3505億円〈全国6位〉
- 米 4.1%
- 野菜 18.1
- 果物 4.1
- 花き 2.2
- 工芸作物 0.9
- 畜産 67.0
- その他

工業生産額の内訳
（2022年）（総務省・経済産業省「経済構造実態調査」）
合計 1兆8310億円〈全国40位〉
- 食料品 22.9%
- 電子部品 11.5
- 化学 10.7
- 飲料・飼料 10.7
- ゴム製品 6.2
- その他

シラス台地は宮崎県南部から鹿児島県にかけて広がっているよ。

★日本一情報　宮崎県原産のかんきつ類の日向夏は、栽培面積・収穫量ともに宮崎県が日本一（2023年）。

◉ 宮崎平野に広がるビニールハウス群

農業　宮崎平野の促成栽培

かつて**宮崎平野**では、米づくりを中心とする農業が行われ、米の裏作として野菜が栽培されていました。しかし、1960年代ごろから日本で米が余るようになると、宮崎県は野菜の栽培に力を入れるようになりました。

現在、宮崎平野ではビニールハウスや温室を使った野菜の**促成栽培**がさかんに行われ、夏野菜の**ピーマン**、**きゅうり**、トマト、かぼちゃなどを、冬から春にかけて栽培・出荷しています。他の地域からの出荷が少ない時期に出荷することで、宮崎産の野菜は、高値で取引されます。

きゅうりの収穫量が多い都道府県

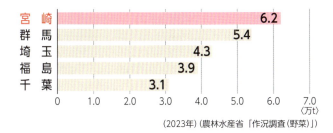

(2023年)(農林水産省「作況調査(野菜)」)

農業　南国の果物づくり

宮崎県では温暖な気候をいかして、みかん、きんかん、日向夏などの**かんきつ類**が栽培されています。また、宮崎市や西都市では、南国のフルーツである**マンゴー**の栽培もさかんです。果実一つひとつにネットをかけ、完熟して自然にネットに落果するまで育てた「完熟マンゴー」が有名です。とくに糖度が高く、大きなものは「太陽のタマゴ」の名で売り出されています。

農業　茶と葉たばこの栽培

宮崎県では、促成栽培以外の方法でも、たくさんの農作物がつくられています。宮崎平野を中心につくられているだいこん、都城盆地などでつくられている**さといも**の収穫量は全国有数です。また、宮崎平野周辺の丘陵地では**工芸作物**の**茶**と**葉たばこ**の栽培が行われており、こちらも収穫量は全国有数です。

農業　全国有数の畜産県

宮崎県はとなりの鹿児島県と並ぶ、全国有数の畜産県です。農業産出額を見ると、畜産の割合が6割以上をしめています。

畜産の中心となっているのは、シラス台地の広がる南部の**小林盆地**と**都城盆地**です。これらの地域では、**豚**、**肉用牛**の飼育がさかんです。とくに、黒毛和牛の中から厳選されたものは「**宮崎牛**」のブランドで売り出されています。また、国の天然記念物に指定されている地頭鶏を改良してつくった「**みやざき地頭鶏**」は、肉の弾力とうまみが特ちょうで人気を集めています。

肉用牛の飼育頭数が多い都道府県

(2024年)(農林水産省「畜産統計」)

★日本一情報　市町村別の農業産出額が日本一の市町村は、4年連続で宮崎県の都城市であった(2024年)。

林業　森林資源にめぐまれた林業

温暖で湿気の高い九州山地では、森林がよく育ちます。このため宮崎県では古くから林業が発達しています。とくにすぎの木材の生産量は全国有数です。南部の日南市は古くから「飫肥すぎ」とよばれる良質なすぎ材の産地として知られます。かつては木工品などがつくられていましたが、現在は建築用材として用いられることが多くなっています。

また、乾しいたけをはじめとするしいたけの生産もさかんで、全国有数の生産量です。

乾しいたけの生産量が多い都道府県

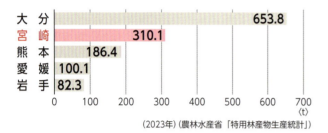

(2023年) (農林水産省「特用林産物生産統計」)

漁業　黒潮にのってくる、まぐろ、かつお

宮崎県の沖合には、太平洋を北上する黒潮（日本海流）が流れています。宮崎県では、この黒潮にのってやってくるまぐろ、かつおの水あげ量が多くなっています。かつお漁は主に近海での一本釣りが行われています。まぐろ、かつおは、日南市の油津港などで多く水あげされ、全国へ出荷されます。

また、北部の近海では、古くから、いわし、あじなどの沿岸漁業が行われています。

まぐろの漁獲量の内訳

(2023年) (農林水産省「漁業・養殖業生産統計」)

▲かつおの一本釣り

工業　延岡市の化学工業

宮崎県の工業生産額は全国では下位に位置しますが、延岡市は県内有数の工業都市として、宮崎県の工業を支えてきました。延岡市では、五ヶ瀬川の水力発電で電力を得られたことや、工業用水が豊富だったことから、1923年に化学肥料をつくる工場が設立されました。この工場は大手化学メーカーの旭化成となり、延岡市とともに発展していきました。現在、延岡市の工場では、化学せんい、高機能樹脂、医療品、半導体などさまざまな製品がつくられています。

延岡市の工業生産額の割合

(2022年) (総務省・経済産業省「経済構造実態調査」)

工業　地元の産物を利用した食料品工業

宮崎県では、地元でとれた農畜産物や水産物を加工する食料品工業が発達しています。食料品工業が発達しているのは、農畜産物や水産物の生産地に近い宮崎市、都城市、日向市などで、主に缶詰や漬け物などが製造されています。また、都城市では、さつまいも、麦、米などを原料にした焼酎の生産がさかんで、県の焼酎の出荷額は全国有数です。

焼酎の出荷額が多い都道府県

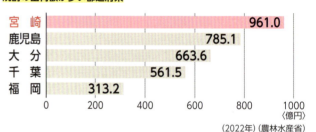

(2022年) (農林水産省)

工業　発展しつつある先端技術産業

工業があまり発達していなかった宮崎県ですが、宮崎空港があることや、工業用水にめぐまれていることなどの利点をいかして、電子部品や電気機器をつくる工場が進出してきています。2020年代に入ってからは、半導体の大きな工場が建設され、先端技術産業の発展が期待されています。

伝統工芸

伝統の都城大弓と日向はまぐり碁石

宮崎県では、都城大弓と、鹿児島県の奄美半島から伝わった本場大島紬が国の伝統的工芸品に指定されています。都城大弓は江戸時代初期からつくられている伝統の弓で、県内でとれる竹やはぜの木を材料にしてつくられています。1人の職人が約200の工程をすべて手作業で仕上げます。

また、国の伝統的工芸品ではありませんが、日向市では明治時代から「日向はまぐり碁石」がつくられています。現在、はまぐりで碁石をつくっているのは日向市だけで、最高級の碁石として知られています。

▶都城大弓 (伝統工芸 青山スクエア)

交通 宮崎空港で首都圏と結ばれる！

東京や大阪の大都市圏と遠く離れている宮崎県ですが、宮崎ブーゲンビリア空港があり、東京の東京国際空港（羽田空港）とは約1時間30分で結ばれています。また、韓国のソウルとの間で定期便も運航しています。陸上交通では、鉄道の日豊本線を通る**宮崎自動車道**が九州自動車道・東九州自動車道に接続し、鹿児島県、熊本県と宮崎県を結びます。

海上交通では、宮崎港がフェリーで大阪港と結ばれ、人や貨物の輸送に利用されています。また、日向市の**細島港**は西日本各地と中国・台湾を結ぶ物流の中継港となっています。

宮崎ブーゲンビリア空港
温暖な地で育つ花のブーゲンビリアにちなんだ愛称がついている。

細島港
韓国・中国・台湾へのコンテナ船が運航している。

山地に囲まれた宮崎県は、陸上交通の整備が遅れ気味だよ。

テーマ学習

『高千穂峡や日向岬でみられる柱状節理』

県北部高千穂の峡谷・高千穂峡では、五角形、または六角形の長い柱の形の岩がみられます。この穂の地形は柱状節理とよばれ、27万年前の阿蘇山の噴火によってできたものです。「仙人の屏風岩」とよばれる断崖では、迫力ある柱状節理をみることができます。

▶ 柱状節理はどのようにできるか調べよう。
▶ 高千穂峡のほかに、柱状節理がみられる場所を調べよう。

柱状節理がみられる日向岬

文化がわかる！ ★★★Miyazaki

神話のふるさと！野生馬もくらす！

宮崎県は、日本の神話で「神々が最初に国づくりをした場所」とされています。そのため**「天照大神」の伝説**をはじめ、日本神話にまつわる祭りや神社などの見所がたくさんあり、「神話のふるさと」として知られています。

三方を山に囲まれた美しい自然も魅力で、**高千穂峡**や青島の鬼の洗濯板など、大自然が長い年月をかけてつくりあげた地形がみられます。

旧国名の日向（ひむか）は、まっすぐに日の出る方向に向いていることに由来するよ。

❶ 高千穂の夜神楽（高千穂町）

秋の実りに感謝し、翌年の豊作を願う祭り。三十三番の舞（神楽）が一晩中行われる。天照大神が天岩戸にかくれた際に舞われたのが始まりとされる。

❷ 高千穂峡（高千穂町）

阿蘇山から流れ出た溶岩が、五ヶ瀬川に侵食されてできた渓谷。柱状節理（→p.63）が発達した、高さ50～100mの絶壁が7kmほど続く。

ふるさと情報

有名人

（国立国会図書館）

小村寿太郎
（1855～1911年）明治時代の外交官。日露戦争後のポーツマス会議に全権代表として出席した。不平等条約の改正に努め、1911年に関税自主権の回復に成功した。

若山牧水
（1885～1928年）明治時代～昭和時代初めにかけての歌人。自然主義の歌人として活躍した。歌集に『別離』、『海の声』などがある。

安井息軒
（1799～1876年）江戸時代末～明治時代初期の儒学者。江戸の昌平坂学問所で儒学や医学などを教えた。陸奥宗光をはじめ、明治政府で活躍する人材を育てた。

方言

まこち	→ 本当に
やける	→ 怒る
あたれー	→ おしい（もったいない）
よめじょ	→ 嫁さん

③ 都井岬(串間市)

宮崎県の南端にある岬。壮大な景観の中に、国の天然記念物に指定されている数十頭の野生馬「御崎(岬)馬」が生息する。

④ 青島(宮崎市)

日南海岸の沖にある周囲約1.5kmの小島。大昔に海面下にあった岩が隆起して海面上に現れ、波や海水に侵食されてできた「鬼の洗濯板」とよばれる波状岩がみられる。島内には、山幸彦の伝説で知られる青島神社がある。

歴史や文化を深めよう 天孫降臨の地・高千穂

天岩戸神話の舞台となった洞窟

高千穂は天上界から神々が地上に降り立った地とされ、高天原神話と日向神話の舞台となっています。天照大神が姿をかくしたとされる洞窟をご神体とする天岩戸神社、天照大神の孫である瓊瓊杵尊が降り立ったとされる場所に建てられた槵觸神社など、神話にまつわる多くの地があります。

⑤ 西都原古墳群(西都市)

300基をこえる古墳が集まった古墳群。3～7世紀ごろにつくられたとされる前方後円墳、円墳などが集まっている。

⑥ 飫肥城下町(日南市)

16世紀末から明治時代初期まで、飫肥藩の伊東氏の城下町として栄えた地。武家屋敷通りや藩校の建物があり、当時の面影が残る。

郷土料理

チキン南蛮

宮崎産地鶏のむね肉を油で揚げて甘酢をつけ、タルタルソースをかけた料理。延岡市が発祥。

菜豆腐

山間部の郷土料理。豆腐の中に季節の花や青菜を混ぜ、しょうゆや味噌をつけて食べる。

冷や汁
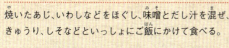
焼いたあじ、いわしなどをほぐし、味噌とだし汁を混ぜ、きゅうり、しそなどといっしょにご飯にかけて食べる。

かに巻き汁

北郷町で秋から冬にかけて川でとれるもくずがにを細かくつぶして具材とした汁料理。

(ピクスタ)

県の地形をデザインしたもので、中央の円は桜島を表す。

★2つの半島をもつ、本土最南端の県!

鹿児島県

面積	9186km² (10位) [2024年]
人口	154.9万人 (24位) [2023年]
県庁所在地	鹿児島市
市町村数	19市20町4村 [2024年]

自然と人々がわかる！ ★★★Kagoshima

桜島がシンボルで、シラス台地が広がる！

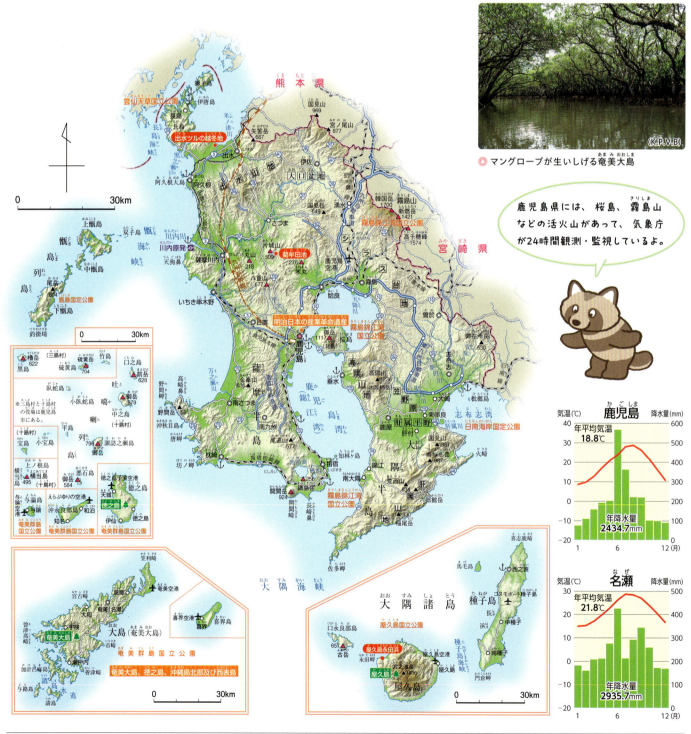

▲マングローブが生いしげる奄美大島

鹿児島県には、桜島、霧島山などの活火山があって、気象庁が24時間観測・監視しているよ。

鹿児島 年平均気温 18.8℃ 年降水量 2434.7mm

名瀬 年平均気温 21.8℃ 年降水量 2935.7mm

66　★日本一情報　かつお漁がさかんな鹿児島県は、かつおぶしの生産量が全国一(2023年)。

人口構成の割合
0～14歳 12.7%
15～64歳 53.5%
65歳以上 33.8%

県の花：ミヤマキリシマ　県の木：カイコウズ、クスノキ　県の鳥：ルリカケス

噴煙を上げる桜島

地形　Kagoshima

鹿児島県は九州の南端にある県で、**薩摩半島**と**大隅半島**からなる九州本土と、種子島、屋久島、大島（奄美大島）など1256の島々からなります。鹿児島（錦江）湾内には活火山の**桜島**があり、鹿児島市内など周辺地域に火山灰を降らせます。この桜島や県の北東部にある霧島山から噴出された火山灰や軽石など（シラス）が鹿児島県の半分以上を覆っており、**シラス台地**（→p.59）とよばれます。

気候　Kagoshima

九州の南端にあるため、全体的に大部分は**太平洋側の気候**に属し、夏はとくに多くの雨が降ります。大島（奄美大島）とその周辺の島々は**亜熱帯の気候**に属し、1年を通じて雨が多く、冬でも温暖な気候です。

人口　Kagoshima

県人口の約3分の1にあたる約60万人（2023年）が、県庁所在地の**鹿児島市**に集中しています。人口が多い都市は、鹿児島市、**霧島市**、**鹿屋市**など鹿児島湾に面する都市です。人口密度は鹿児島市で高く、大隅半島の南部や離島は人口密度が低い地域です。とくに離島では**過疎化**と少子高齢化が進んでいます。

★日本一情報　十島村は北の口之島から南の横当島までの長さが約160kmもあり、日本一長い村です。

産業がわかる！

★★★ Kagoshima

日本一のさつまいもの産地！「かごしま黒豚」が有名！

鹿児島県は日本でも有数の農業県です。とくに畜産がさかんで、**豚**、**肉用牛**、**肉用にわとり**の飼育数は日本有数です。水を通しやすいシラス台地が広がるため、古くから乾燥に強い**さつまいも**の栽培がさかんですが、かんがい設備の整備によってさまざまな野菜がつくられるようになりました。漁業は、鹿児島湾での**沿岸漁業**と**沖合漁業**のほか、ぶり、かんぱち、うなぎの養しょくがさかんです。これらの豊富な産物を利用した食料品工業が工業の中心です。

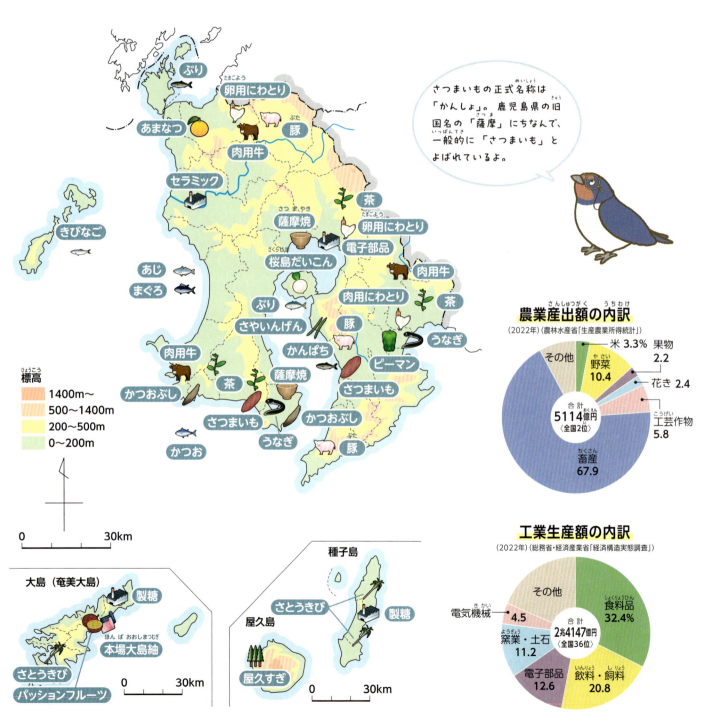

さつまいもの正式名称は「かんしょ」。鹿児島県の旧国名の「薩摩」にちなんで、一般的に「さつまいも」とよばれているよ。

農業産出額の内訳
（2022年）（農林水産省「生産農業所得統計」）

合計 5114億円〈全国2位〉

- 畜産 67.9
- 野菜 10.4
- 米 3.3%
- 果物 2.2
- 花き 2.4
- 工芸作物 5.8
- その他

工業生産額の内訳
（2022年）（総務省・経済産業省「経済構造実態調査」）

合計 2兆4147億円〈全国36位〉

- 食料品 32.4%
- 飲料・飼料 20.8
- 電子部品 12.6
- 窯業・土石 11.2
- 電気機械 4.5
- その他

🔴 かごしま黒豚の飼育…さつまいもをえさに混ぜることによって、肉のあまみやうまみが増し、やわらかくなる。

農業 シラス台地でのさつまいも、野菜づくり

鹿児島県の広い地域を覆っている**シラス台地**は、栄養分がとぼしく、水を保ちにくい性質です。この性質は農作物の栽培には不向きなため、乾燥に強い**さつまいも**の栽培が農業の中心でした。しかし、1950年代から大隅半島の笠野原をはじめ、各地でかんがい設備が整備されたことによって、だいこん、ピーマン、かぼちゃ、オクラ、らっきょう、そら豆などの野菜の栽培ができるようになりました。また、桜島では、世界最大級重量のだいこん「**桜島だいこん**」がつくられています。

さつまいもの収穫量の内訳
合計 71.6万t
鹿児島 30.1%
茨城 28.0
千葉 12.8
宮崎 9.6
徳島 3.8
その他
(2023年)（農林水産省「作物統計」）

農業 「かごしま黒豚」の生産

鹿児島県では、古くから畜産に力を入れてきました。農業産出額では、畜産の割合が3分の2以上をしめ、**豚**、**肉用牛**、肉用にわとりの飼育数は全国有数です。とくに、明治時代以降に品種改良を重ねて誕生した「**かごしま黒豚**」は、味のよさで有名なブランド豚です。

そのほか、鹿児島県では、きめ細かなやわらかい肉質が特徴の黒毛牛「鹿児島黒牛」や「黒さつま鶏」といったブランドが知られています。

農業 古くからの茶の産地

温暖で雨が多く、水を通しやすいシラス台地が広がる鹿児島県は**茶**の栽培に適し、静岡県と並ぶ収穫量です。薩摩半島南部の南九州市をはじめ県内各地で栽培されていて、さわやかな香りとこくのある味で知られています。

鹿児島県では4月上旬から新茶の収穫が始まり、日本で最も収穫の早い「走り新茶」として知られています。

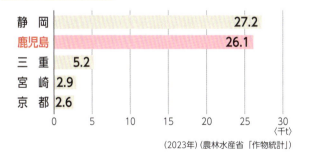

茶の収穫量が多い都道府県
静岡 27.2
鹿児島 26.1
三重 5.2
宮崎 2.9
京都 2.6
（千t）
(2023年)（農林水産省「作物統計」）

農業 南国のフルーツとさとうきびづくり

温暖な鹿児島県では、みかん、ポンカン、タンカンなどの暖かい気候に適した**かんきつ類**（みかんの仲間）の栽培がさかんです。奄美大島や屋久島などでは、パッションフルーツ、マンゴーなどの亜熱帯で育つ果物の栽培が行われています。奄美大島など島々では、江戸時代のころから砂糖の原料となる**さとうきび**がつくられています。

🫘まめちしき　砂糖の原料はさとうきびのほか、てんさいもあります。てんさいは、日本ではほぼ北海道で栽培されています。

林業　たけのこ、屋久すぎが有名

森林面積が広い鹿児島県では、**すぎ**、**ひのき**などの木材が生産されています。また、温暖な気候の中、竹がよく育ち、たけのこ、竹材、竹皮の生産量は全国有数です。

降水量の多い屋久島は森林がよく育ち、島内のすぎは「**屋久すぎ**」として知られ、古くから高級建築材や家具材として利用されてきました。現在は伐採が禁止されていますが、間伐された枝や幹、根株を使った工芸品が人気を集めています。

漁業　黒潮のめぐみを受けた漁業

鹿児島県の漁業の中心は鹿児島湾で行われる沿岸漁業と沖合漁業で、**さば**、**あじ**、**まだい**などが多く水あげされています。鹿児島県の沖合には黒潮（日本海流）が流れていて、**かつお漁**やまぐろ漁が行われています。かつおは伝統的な一本釣りで行われ、鹿児島港、枕崎港、山川港は日本有数のかつおの水揚げ地です。串木野港はまぐろの遠洋漁業の基地として有名です。

▶ かつおの水あげ（枕崎市）

漁業　おだやかな水面をいかした養しょく業

水面がおだやかで、水温が安定している鹿児島湾では、**ぶり**、**かんぱち**の養しょくがさかんです。薩摩半島南部の池田湖や薩摩半島では、良質な地下水で育てられた**うなぎ**の養しょくがさかんで、収穫量は日本有数です。そのほか、鹿児島湾や奄美大島でくろまぐろやくるまえびの養しょくが行われています。

工業　地元の産物をいかした地場産業

鹿児島県の工業の中心は、地元でとれた農畜産物や水産物を原料にした食料品工業です。かつおを原料にした**かつおぶし**、魚のすり身を原料にした**さつまあげ**、さつまいもを原料にした焼酎やお菓子など、さまざまな加工食品がつくられています。食料品工業の多くは、古くから地域に根づいた**地場産業**として行われています。

▶ 天日干しされるかつおぶし（枕崎市）

工業　電子部品の製造がさかんな霧島市

県中央部に位置する**霧島市**には、鹿児島空港があり、高速道路で九州地方の各地とつながっています。このように交通の便がよいことから、大手電子機器メーカーの工場をはじめ、**半導体**などの電子部品をつくる工場が集まっています。霧島市の工業生産額は県内では鹿児島市に次いで第2位となっています（2022年）。

エネルギー　日本最大の石油備蓄基地

鹿児島湾に面する鹿児島市の**喜入町**は、かつては農業と漁業を営んでいましたが、過疎化が進んでいました。しかし、1960年代後半に臨海部のうめ立て地に海外から運ばれた原油をためておく**石油備蓄基地**ができてからは、「石油の町」として知られるようになりました。また、大隅半島東部の志布志湾と薩摩半島西部のいちき串木野市にも石油備蓄基地があり、サウジアラビアなどの中東から輸入した石油を緊急時に備えて備蓄しています。

▶ 石油備蓄基地（喜入町）

伝統工芸

泥で染めた本場大島紬や繊細な薩摩切子

鹿児島県では、**本場大島紬**、**薩摩焼**、**川辺仏壇**の3つが、国の伝統的工芸品に指定されています。本場大島紬は奄美大島や鹿児島市などでつくられている高級織物で、奈良時代からの歴史があります。そのほか、きめ細かな文様が刻みこまれたガラス細工の**薩摩切子**、種子島に伝わる種子ばさみ、金属のすずを加工した薩摩錫器など、さまざまな工芸品がつくられています。

▶ 薩摩切子
食器や花びんなど、さまざまな製品がつくられている。

まめちしき　1866年、幕末の志士である坂本龍馬とおりょうの夫婦は、霧島市の塩浸温泉に10泊あまり滞在しました。これが日本における新婚旅行の第1号といわれます。

交通 九州新幹線の発着地！ 陸・海・空とも交通が発達！

九州地方の南端に位置する鹿児島県は、首都圏をはじめとする大都市圏と遠く離れていますが、飛行機で主要都市と結ばれています。また、**九州自動車道**と**九州新幹線**によって、九州地方の経済の中心地である福岡市と結ばれているほか、主要道路で九州地方の各地とつながっています。

離島の多い鹿児島県では、船も重要な交通手段です。**鹿児島港**からは、屋久島、種子島、奄美群島、沖縄県へのフェリーが就航しています。鹿児島港と桜島の間にもフェリーが24時間運航されていて、住民の足として利用されています。

鹿児島港と桜島港を結ぶフェリー
約15分で両港を結ぶ。

指宿枕崎線の西大山駅は、JRの最南端の駅だよ。

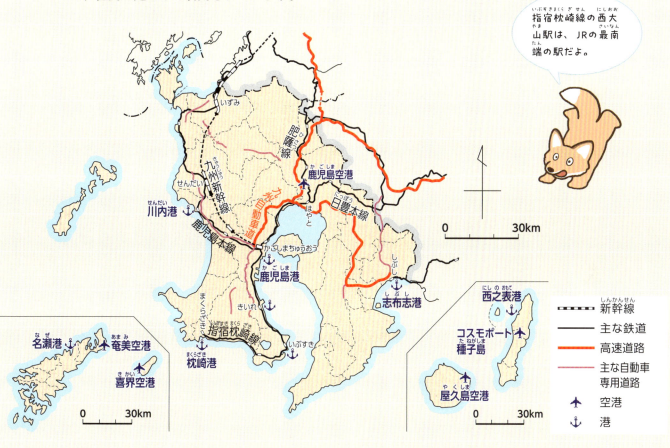

テーマ学習

『桜島とともにくらす』

桜島は鹿児島県のシンボルともいえる火山です。現在も噴煙を上げ、周辺に火山灰を降らすことがありますが、産業にも利用され、地域経済に貢献しています。

▶桜島の各所に、噴火の被害から逃れるために設置された待避壕がある。

▶桜島が産業や人々の生活にどのような影響をあたえているか、調べよう。
▶桜島の噴火に備えてどのような対策をとっているか、調べよう。

文化がわかる！ ★★★Kagoshima

幕末の志士を輩出！ 豚肉や魚を使った郷土料理

鹿児島県は古くは**薩摩**とよばれ、鎌倉時代から700年間にわたり、南九州を治めていました。そして、江戸時代末期（幕末）から明治時代にかけては、江戸幕府を倒す運動（倒幕運動）を進めた西郷隆盛や大久保利通などを輩出しました。とくに西郷は「西郷どん」とよばれ人気が高く、県内には彼にまつわる名所がいくつもあります。また温泉が多く、鹿児島市内の銭湯の多くが温泉で、指宿市の**砂むし温泉**などが有名です。

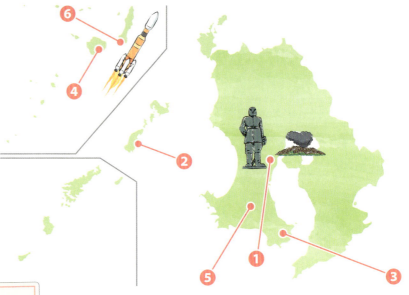

① 城山からながめた鹿児島の市街地と桜島（鹿児島市）

(K.P.V.B)

鹿児島市街地の中心にある標高107mの小高い山。明治時代の西南戦争で政府軍と西郷隆盛軍との最後の激戦地となり、西郷隆盛が自殺した場所が残る。

② 甑島のトシドン（薩摩川内市）

(K.P.V.B)

大晦日に下甑島で行われている伝統行事。長い鼻をもち、口の大きなトシドンという神のかっこうをした男性が、子どもがいる家を訪れ、悪いことをしないと約束させる。約束したあとは、ごほうびとして「年餅」をあたえて去る。

ふるさと情報

有名人

(国立国会図書館)

西郷隆盛
(1827～1877年)江戸時代末期～明治時代の政治家。江戸末期の倒幕運動の中心となった。政府に不満をもった士族たちにおされて西南戦争をおこした。

大久保利通
(1830～1878年)江戸時代末期～明治時代の政治家。西郷隆盛とともに、倒幕運動を進めた。明治政府で内務卿（現在の総理大臣にあたる）となるが、暗殺された。

黒田清輝
(1866～1924年)明治～大正時代の洋画家。フランスの印象派の影響を受けた作風を確立した。代表作は「読書」、「湖畔」など。

方言

そいなら	→ それでは
おごじょ	→ 鹿児島の女性
せからし	→ うるさい
とぜんね	→ さみしい

❸ 指宿砂むし温泉(指宿市)

海辺にわいている温泉で熱をもった砂をかぶせて温める。天然のサウナのように体がポカポカになる。

❹ 屋久島(屋久島町)

降水量が多く、豊かな森林が育つ。宮之浦岳（標高1936m）は九州地方で一番高い山で、亜熱帯から亜寒帯（冷帯）にいたる気候を有していることから、島内ではさまざまな植物を見ることができる。樹齢数千年といわれる「縄文すぎ」が有名で、その自然環境は世界自然遺産に登録されている。

歴史や文化を深めよう

薩摩藩の発展につくした 島津斉彬

江戸時代末に薩摩藩の藩主となった島津斉彬は、進んだ考えのもち主でした。当時、日本を訪れる外国船を排除する江戸幕府に対して、斉彬は早くから開国の必要を説き、欧米諸国に負けないように西洋の優れた学問や技術を積極的に取り入れました。そして鉄をつくる反射炉や溶鉱炉、ガラス製造工場などを集めた「集成館」という工場群をつくり、薩摩藩の発展に努めました。

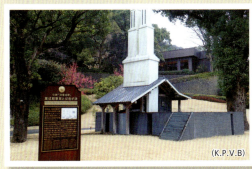

復元された反射炉…反射炉は金属をとかし、大砲などをつくる施設。集成館は現在、尚古集成館の名で博物館になっている。

❺ 知覧武家屋敷庭園群(南九州市)

南九州市の知覧には、江戸時代の武家屋敷の町並みと庭園が残る。石垣と植えこみが整備された道と、敵の侵入を防ぐためにところどころで曲がった道が特ちょう。

❻ 種子島宇宙センター(南種子町)

種子島にある日本最大のロケット発射場。ロケットの打ち上げのほか、ロケットと人工衛星の組み立て、点検、観測などを行う。宇宙航空研究開発機構（JAXA）が管理している。

郷土料理

鶏飯
奄美地域に伝わる郷土料理。蒸し鶏、錦糸卵、しいたけ、パパイヤのつけものなどを白いご飯の上にのせ、鶏ガラスープをかけて食べる。

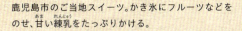

白熊
鹿児島市のご当地スイーツ。かき氷にフルーツなどをのせ、甘い練乳をたっぷりかける。

さつま汁
鶏肉がたっぷり入った味噌汁。こんにゃく、ごぼう、だいこんなど具だくさん。

きびなごの刺身
きびなごは甑島周辺でよくとれるニシン科の魚。きくの花の形に盛りつけて、酢味噌につけて食べる。

3つの丸は、沖縄を囲む海、ローマ字の頭文字「O」、県の発展性を表す。

★かつての琉球王国。美しい海と独特の文化が人気！

沖縄県

面積	2282km²(44位)[2024年]
人口	146.8万人(25位)[2023年]
県庁所在地	那覇市
市町村数	11市11町19村[2024年]

自然と人々がわかる！ ★★★Okinawa

亜熱帯に属し、さんご礁が広がる！

さんごは、透明度が高く、温かい海で育つよ。

▲ガジュマルの木
熱帯・亜熱帯の地域で育つ植物で、日本では沖縄県や鹿児島県の屋久島に分布する。

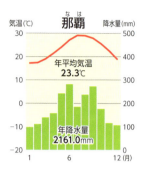

那覇
年平均気温 23.3℃
年降水量 2161.0mm

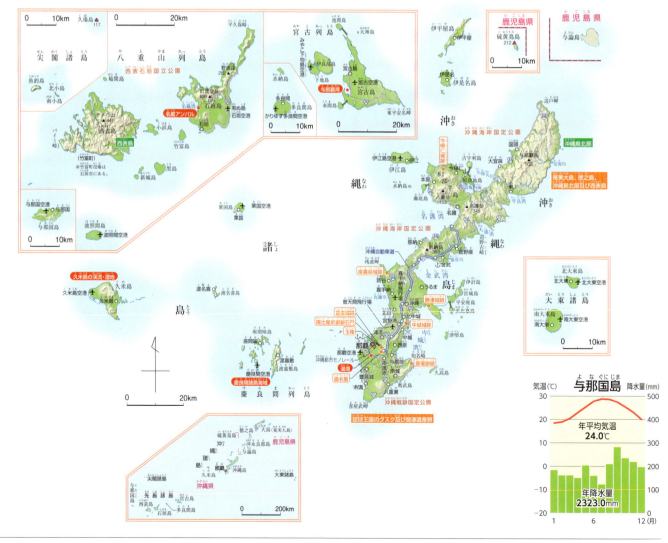

与那国島
年平均気温 24.0℃
年降水量 2323.0mm

74　★日本一情報　沖縄県は南国の果物、マンゴーの収穫量が日本一（2021年）。

人口構成の割合
- 0〜14歳 16.1%
- 15〜64歳 60.1%
- 65歳以上 23.8%

県の花：**デイゴ**

県の木：**リュウキュウマツ**

県の鳥：**ノグチゲラ**

◎ 美しい海が広がる石垣島の川平湾（沖縄県）

地形　Okinawa

沖縄県は九州の南西沖に位置します。**沖縄島**、宮古列島、**八重山列島**などの島々からなり、南北400km、東西1000kmにおよびます。**さんご**が育ち、宮古島や竹富島のようにさんご礁が隆起してできた島もあります。最大の面積をもつ沖縄島の北部は「**やんばる**」とよばれ、手つかずの森林が広がります。西の端の与那国島は**日本の西端**でもあり、台湾とは約110kmしかはなれていません。

気候　Okinawa

亜熱帯の気候に属し、一年を通じて温暖な気候で、冬でも10度を下回ることはほとんどありません。また、一年を通じて雨が多い県ですが、**台風**の通り道であるため、台風が来る6〜10月には降水量がとくに多くなります。雨が多い一方で、短い川が多く、水がすぐに海に流れてしまうことなどから、水不足になりがちでした。しかし、現在は海水から真水をつくる技術や地下ダムのおかげで、水不足になることは減ってきました。

人口　Okinawa

沖縄県の人口は、**沖縄島**の南部に集中しています。県庁所在地の**那覇市**は、県人口の約2割にあたる約32万人をかかえています（2023年）。他の県と比べて合計特殊出生率が高く（全国1位、2023年）、14歳以下の年少人口割合も全国1位です。

★日本一情報　沖縄市は、1世帯（2人以上世帯）あたりのかつお節・けずり節の年間購入額が日本一（2020〜22年平均）。

産業がわかる！

自然や伝統文化をいかした産業と観光業がさかん！

亜熱帯の気候に属する沖縄県では、さとうきび、パイナップルなど熱帯産の作物が栽培されています。近年は**豚**や肉用牛を飼育する畜産がさかんになっています。最近は先端技術産業に力を入れています。琉球王国時代の建造物や独特の文化、さんご礁に囲まれた美しい海など観光資源が豊富で、観光に関連した産業は、沖縄県の一大産業となっています。このことから、**第三次産業**で働く人の割合が高いことも、沖縄県の特ちょうの1つです。

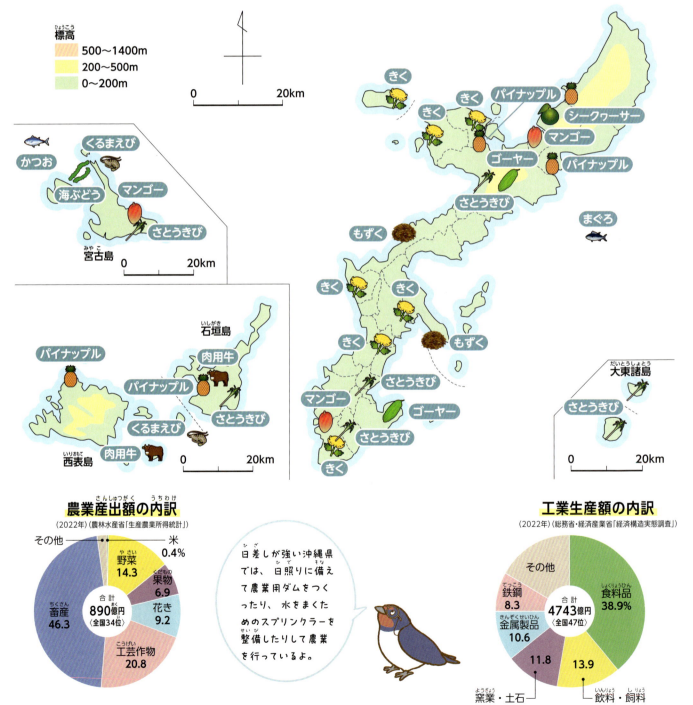

農業産出額の内訳
（2022年）（農林水産省「生産農業所得統計」）

- 米 0.4%
- 野菜 14.3
- 果物 6.9
- 花き 9.2
- 工芸作物 20.8
- 畜産 46.3
- その他

合計 890億円〈全国34位〉

日差しが強い沖縄県では、日照りに備えて農業用ダムをつくったり、水をまくためのスプリンクラーを整備したりして農業を行っているよ。

工業生産額の内訳
（2022年）（総務省・経済産業省「経済構造実態調査」）

- 食料品 38.9%
- 飲料・飼料 13.9
- 窯業・土石 11.8
- 金属製品 10.6
- 鉄鋼 8.3
- その他

合計 4743億円〈全国47位〉

まめちしき　沖縄県はやぎの飼育頭数が日本一で（2022年）、日本ではめずらしくやぎ肉を食べる食文化があります。

🌸 夏のさとうきび畑

農業　古くからのさとうきびづくり

温暖な沖縄県では、熱帯作物である**さとうきび**が古くから栽培されています。さとうきびは、風水害、干ばつに強いため、台風の被害や水不足に悩まされることが多い沖縄県に適した農作物といえます。沖縄島の南部と本部半島でとくに栽培がさかんですが、離島をふくむほとんどの地域で栽培されています。

沖縄県の畑の約半分をさとうきび畑がしめ、農家の約6割がさとうきび農家であり、沖縄の農業の中心ですが、近年は農家の高齢化や都市化の進展などによって、生産量は横ばいとなっています。

さとうきびの収穫量の内訳
合計 118.2万t
沖縄 56.2％
鹿児島 43.8
(2023年)(農林水産省「作物統計」)

農業　沖縄ならではの野菜づくり

沖縄県では、1970年代前半から冬でも暖かい気候をいかして、さまざまな野菜が栽培されています。栽培されている主な野菜は、**ゴーヤー（にがうり）**、**かぼちゃ**、**オクラ**などです。ゴーヤーは琉球王国時代から沖縄県で食べられており、現在もゴーヤーチャンプルーなど沖縄の料理に欠かせない野菜です。

ゴーヤーの収穫量が多い都道府県

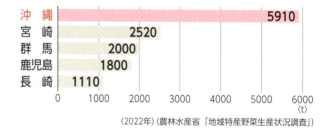

沖縄	5910
宮崎	2520
群馬	2000
鹿児島	1800
長崎	1110

(2022年)(農林水産省「地域特産野菜生産状況調査」)

農業　熱帯の果物づくり

沖縄県では、亜熱帯の果物づくりがさかんです。代表的なものが、沖縄島の中北部や石垣島を中心に栽培されている**パイナップル**で、全国の収穫量のほぼ100％を栽培しています。ほかにも、**マンゴー**、**パッションフルーツ**、**ドラゴンフルーツ**、**シークヮーサー**など、暖かい沖縄ならではの果物が栽培されています。

パイナップルの収穫量の内訳
合計 6750t
沖縄 100％
(2023年)(農林水産省「作況調査(果樹)」)

農業　電照ぎくをはじめとする花づくり

暖かい気候の沖縄県では、**きく**、トルコギキョウ（ユーストマ）、ストレリチア、ジンジャーなどの花の栽培がさかんです。きくづくりは、夜に電気をつけることによって開花時期を調整して出荷する**電照栽培**が行われています。他県からの出荷が少ない時期に出荷して、高い利益を得ています。

🌸 電照ぎくの栽培

まめちしき　きくは秋ごろに咲く花ですが、電照栽培によって、正月や3月の彼岸にも出荷できるようになりました。

農業　「あぐー」の生産

沖縄県の農業産出額をみると、畜産が最も大きな割合をしめています。飼育の中心となっているのは、**豚と肉用牛**です。豚の飼育は14世紀の終わりごろに明（中国）から持ちこまれたのが始まりとされています。現在は沖縄在来種の黒豚アグーと西洋種を交配した**「あぐー」**がブランド豚として生産されています。また、石垣牛、宮古牛、本部牛などの黒毛和牛も各地で飼育されています。

漁業　黒潮にのってやってくるまぐろ

海に囲まれた沖縄県では、漁業がさかんです。とくに沖合を流れる**黒潮（日本海流）**にのってやってくる**まぐろ**漁がさかんで、漁獲量は県でとれる魚で最も多く、全国でも有数です。その多くは冷凍せずに生鮮のままで水あげされています。

また、沖縄を代表する魚の**グルクン（たかさご）**の水あげも多く、沖縄料理に欠かせない食材になっています。

▶ グルクン
から揚げにして食べられることが多い。
(OCVB)

漁業　もずく、くるまえびの養しょく

沖縄県では、海藻の一種である**もずく**や**海ぶどう**の養しょくがさかんです。沖縄県でのもずくの養しょくは1970年代から始まりました。もずくの養しょくが産業として行われているのは沖縄県だけで、全国の収穫量のほとんどをしめています。

また、**くるまえび**の養しょくもさかんです。くるまえびは寒さに弱いので、水温が高い沖縄県は養しょくに適していました。こちらも収獲量は全国一です（2021年）。

工業　砂糖や泡盛などの食料品工業

沖縄県は他県と海でへだてられていることや、第二次世界大戦後にアメリカに統治されていたことから、日本全域で進められてきた工業化が進みませんでした。工業の中心は**食料品工業**で、江戸時代のころから行われている**製糖（砂糖づくり）**のほか、パイナップルの加工などが行われています。また、石灰岩を利用した**コンクリート**の製造や、ガラスなどをつくる窯業も行われています。

観光業　自然や文化をいかした観光業

沖縄県は全国的に見て、第三次産業で働く人の割合が高い県です。第三次産業の中では、かつてはアメリカ軍基地に関係のある仕事が中心でした。しかし、現在は**さんご礁が広がる美しい海**や**琉球王国時代の遺跡**や文化をいかした**観光業**が中心となっています。

本土ではみられない自然や文化を体験できるとあって、年間数百万人の人々が沖縄県を訪れます。これにともない、ホテルの建設などリゾート開発が進められていますが、開発にともなう自然破壊や土壌汚染などの問題も発生しています。

沖縄県を訪れる観光客数と観光収入の変化

(2022年)（沖縄県「観光統計実態調査」）

伝統工芸

琉球王国時代から伝わる工芸品

沖縄県には、**琉球絣**、**琉球びんがた**、**琉球漆器**など、国の伝統的工芸品に指定されている工芸品がたくさんあります。その多くが琉球王国時代から伝わるものです。沖縄県には、15～17世紀初めに栄えた琉球王国に関係する工芸品が数多くあります。焼き物、染め織物、漆器、琉球ガラスがあり、中でも3本の弦を鳴らす三線は、伝統芸能の演奏だけでなく、ポップスにも用いられています。

(ピクスタ)
▲ 三線の胴の部分には、蛇の皮がはられている。

まめちしき　沖縄県はアメリカの統治時代（1945～72年）は自動車は右側走行でしたが、日本復帰の6年後に他の都道府県と同様に左通行になりました。

交通　県内・国内の島々と飛行機・船で結ばれる！

多くの島々からなる沖縄県は、他の都道府県と行き来するには、飛行機か船を利用します。飛行機は札幌、東京、名古屋、大阪、福岡など主要な都市とを結んでいるほか、県内の大きな島々も結んでいます。また、フェリーも県内の大小多くの島々を行き来しています。

鉄道は、沖縄島の那覇市から浦添市にかけて沖縄都市モノレール線（**ゆいレール**）が運行しているのがただ一つの路線です。また、沖縄島の南部には、**沖縄自動車道**が走っています。

▲ 那覇市内を走る「ゆいレール」

沖縄県はJRが走っていないただ一つの都道府県だよ。

▲ 沖縄島と離島を結ぶフェリー

テーマ学習

『米軍基地の問題』

日本にある**アメリカ軍基地（米軍基地）**の約70％が沖縄県に集中しています。とくに**沖縄島**では面積の約15％を米軍基地がしめています。米軍基地周辺に住む人々にとっては、基地のメリット・デメリットをめぐり、賛否両論があります。

▶ なぜ、沖縄県に米軍基地が多いのか、その歴史を調べよう。
▶ 米軍基地があることで、どんな問題が起こっているか調べよう。

▲ 普天間飛行場（普天間基地、宜野湾市）
住宅に隣接し、市の面積の約24％をしめる。

▲ 沖縄県の米軍基地

文化がわかる！ ★★★Okinawa

琉球王国の遺跡と独特の文化！戦争の悲しい歴史も伝わる

日本や中国、朝鮮、東南アジアの国々などと貿易を行い、それらの国々の影響を受けながら、独自の文化を育みました。このため芸能や工芸品は、他の県とは異なる特色がみられます。

また、第二次世界大戦末期の1945年3月から、アメリカ軍との激しい地上戦が行われました。この戦闘によって、県民の4分の1にあたる約12万人が犠牲になりました。県内各地に犠牲者を慰霊する施設や戦争の悲劇を伝える施設が設けられており、沖縄県の歴史や文化を語るために忘れてはならないものです。

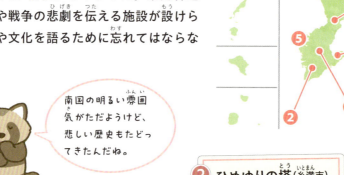

南国の明るい雰囲気がただようけど、悲しい歴史もたどってきたんだね。

① 沖縄全島エイサーまつり（沖縄市）

② ひめゆりの塔（糸満市）

沖縄戦で犠牲になった「ひめゆり学徒隊（看護要員として動員された女学生と教師たち）」を慰霊する碑。併設するひめゆり平和祈念資料館では、学徒隊に関するさまざまな資料や遺品が展示されている。

エイサーは、先祖の霊を供養するために行われる沖縄の伝統芸能。三線ひきや太鼓打ちを中心とした行列が「エイサー、エイサー」の掛け声とともに踊り歩く。とくに8月に沖縄市で行われる沖縄全島エイサーまつりが有名。

ふるさと情報

有名人

謝花昇
（1865～1908年）明治時代の社会運動家。東京大学で農業を学んだのち、沖縄で農業改革を進めた。農民主体の政治結社「沖縄倶楽部」を設立し、自由民権運動を指導した。
（国立国会図書館）

尚巴志
（1372～1439年）琉球王国の国王。北山・中山・南山の3つの勢力に分かれていた琉球を統一し、琉球王国を建国した。

金城次郎
（1912～2004年）大正時代から平成時代にかけての陶芸家。壺屋焼の技法によって、芸術性の高い作品を残し、沖縄県初の重要無形文化財保持者（「人間国宝」）に選ばれた。

方言

なんくるないさー	→ なんとかなるさ
めんそーれ	→ いらっしゃい
ちむどんどん	→ わくわくする
はいさい	→ こんにちは

③ 首里城の守礼門(那覇市)

首里城は琉球王国時代に国王が住んだ場所。政治や宗教上の中心地でもあった。1945年の沖縄戦で焼失したが、正殿や守礼門などが復元された。2019年に火災により正殿が焼失し、現在復元中（2024年）。

④ 斎場御嶽(南城市)

琉球王国の最高の聖地で、祭事が行われていた。国王はここを参拝して王国の繁栄や五穀豊穣を祈願した。

歴史や文化を深めよう

台風に備えた家づくり

台風の被害を受けることが多い沖縄県の家では、暴風雨に備えたくふうが見られます。伝統的家屋は風の影響を受けづらい平屋づくりで、屋根は風でふき飛ばないようにしっくい（石灰を原料とした接着剤）で固め、家の周りは石垣で囲っています。現在は2階建てで屋根の平らなコンクリートづくりの家が多くなりました。

伝統的な家屋

⑤ ハーリー(糸満市、那覇市、名護市など)

サバニとよばれる伝統漁船を使って行われる競技。元々は航海安全、豊漁を願う行事だった。

⑥ やんばる国立公園(国頭村、大宜味村および東村)

沖縄島北部の森林が生いしげる地域。飛べない鳥のヤンバルクイナ、ノグチゲラ、ケナガネズミなどの固有種が生息し、世界自然遺産に登録されている。

郷土料理

ゴーヤーチャンプルー

ゴーヤーに豆腐、豚肉、卵を混ぜて炒めた料理。「チャンプルー」は「ごちゃまぜ」という意味。

沖縄そば

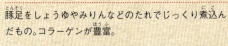

小麦粉100%の麺と豚骨やかつおぶしなどでとったスープに、豚のバラ肉やかまぼこをのせた麺料理。

足ティビチ

豚足をしょうゆやみりんなどのたれでじっくり煮込んだもの。コラーゲンが豊富。

サーターアンダーギー

小麦粉、卵、砂糖をこねて油であげた、沖縄定番のお菓子。祝い事にも欠かせない。

さくいん ― 九州地方 ―

福岡県／佐賀県／長崎県／熊本県／大分県／宮崎県／鹿児島県／沖縄県

※ 複数ページにのっている場合は、とくにくわしいページを太字にしています。

あ

- あか牛 …… 46
- あぐー …… 78
- 阿蘇山 …… 7、**43**、46
- 亜熱帯の気候 …… 67、75
- あまおう …… 20、**21**
- 天草諸島 …… **43**、48
- 奄美大島 …… 11、**69**、70
- 有明海 …… 8、19、22、26、**27**、29、30、33
- いか …… 30
- い草 …… 45
- 諫早市 …… 38
- 諫早湾 …… 37
- いちご …… 20、**21**、45
- 稲作(米づくり) …… 21、29、32、37、45
- 伊万里・有田焼 …… 30
- 西表島 …… 11
- 臼杵磨崖仏 …… 57
- うなぎ …… 70
- うるま市 …… 16
- 雲仙岳 …… 7、10、**35**
- 遠洋漁業 …… 70
- 大分市 …… 9、**51**、54
- 大隅半島 …… 70
- 大麦 …… 21、**29**
- 沖縄IT津梁パーク …… 16
- 沖縄島 …… **75**、77、79、81
- 沖ノ島 …… 25
- 小国すぎ …… 46
- 飫肥すぎ …… 62

か

- カーアイランド …… 9、**22**
- 化学工業 …… 9、**60**、62
- かごしま黒豚 …… 8、**69**
- 鹿児島市 …… **67**、70、72
- 過疎化 …… 6、11、35、43、51、59、67
- かつお …… 8、62、66、70
- かつおぶし …… 70
- かぼす …… 52、**53**
- 唐津くんち …… 32
- 唐津市 …… 27、30

- カルデラ …… 7、**42**、43
- かんきつ類 …… **45**、53、61、69
- 環境モデル都市 …… 44、**47**
- 干拓 …… 19、29、**37**、53
- 苅田町 …… 9、**22**
- かんぱち …… 30、**70**
- 菊池平野 …… 45
- 北九州工業地帯(地域) …… 9、**22**
- 北九州市 …… 9、10、19、**22**、23
- 九州山地 …… 7、**43**、59
- 九州新幹線 …… **23**、31、39、71
- きゅうり …… 8、61
- キリシタン …… 40、**41**、49、56
- 霧島市 …… 67、**70**
- 金印 …… 24
- くじゅう連山 …… 14、51、**54**
- 国東半島 …… **51**、53
- 熊本市 …… **42**、43、47、48
- 熊本城 …… 48
- 熊本平野 …… **43**、45
- グラバー園 …… 41
- クリーク …… 25、**29**
- くるまえび …… 22、46、53、70、**78**
- 久留米絣 …… 22
- 久留米市 …… 22
- かれい …… 22、**53**
- 黒毛和牛 …… 30、**53**、61、78
- 黒潮(日本海流) …… 7、59、62、70、78
- 軍艦島(端島) …… 12、**34**
- ケベス祭 …… 56
- 玄界灘 …… 19、22、**27**、30
- 原子爆弾(原爆) …… **39**、41
- ゴーヤー(にがうり) …… 77
- 小林盆地 …… 61
- 小麦 …… 21、**29**

さ

- 再生可能エネルギー …… **31**、54
- 佐賀市 …… **27**、30
- 佐賀関 …… 53
- 佐賀平野 …… 29
- 桜島 …… 10、67、**71**
- 佐世保市 …… **35**、38

- さつまあげ …… 70
- さつまいも …… 62、**69**、70
- 薩摩切子 …… 70
- 薩摩半島 …… **69**、70
- さといも …… 61
- さとうきび …… 69、**77**
- 砂防ダム …… 10
- さんご礁 …… 7、**75**、78
- 三線 …… 78
- 自動車工業 …… 9、**22**
- 地場産業 …… 70
- 島原半島 …… **35**、37、41
- じゃがいも …… 37
- 集成館 …… 73
- 首里城 …… 81
- 焼酎 …… **46**、62
- 食料品工業 …… 30、46、62、70、**78**
- シラス台地 …… 7、8、59、60、61、67、**69**
- シリコンアイランド …… 9、**46**
- 真珠 …… 37
- すいか …… 8、**45**
- 周防灘 …… **19**、22
- 関あじ・関さば …… 53
- 石炭 …… 9、12、**22**、30
- 石油化学コンビナート …… 9、**54**
- 石油備蓄基地 …… 70
- 石灰石 …… 54
- 瀬戸内の気候 …… 19、**51**
- セメント工業 …… 54
- 先端技術産業 …… **38**、62
- 造船業 …… 38
- 促成栽培 …… 8、**61**

た

- 大気汚染 …… 10
- だいこん …… 46、61、**69**
- 第三次産業 …… 78
- 台風 …… 7、10、75、77、**81**
- 太平洋側の気候 …… 51、**59**
- 大陸棚 …… 8
- 高千穂峡 …… 63、**64**
- 高千穂の夜神楽 …… 64
- たけのこ …… 8、20、46、**70**

太宰府天満宮	24	
棚田	28、**37**	
種子島宇宙センター	73	
たまねぎ	**29**、37	
地域おこし	55	
筑後川	27	
筑豊炭田	**9**、22	
地熱発電	**14**、54	
茶	22、**61**、69	
柱状節理	**63**、64	
筑紫平野	**19**、21、27	
津久見市	54	
対馬	11	
対馬海流	**7**、22、27、35、37	
デコポン	45	
鉄鋼業	**9**、22、54	
鉄鋼石	**9**、22	
電照ぎく	77	
都井岬	65	
土砂崩れ	10	
鳥栖市	30、31	
トマト	8、44、**45**、46、61	

な

内陸の気候	19、35、43
長崎くんち	40
長崎市	9、35、38、40
長崎と天草地方の潜伏キリシタン関連遺産	40
なす	**8**、45
那覇市	**75**、79
肉用牛	**8**、30、37、46、53、61、69、78
肉用にわとり	**8**、61、69
虹の松原	33
二条大麦	29
日本海側の気候	19
二毛作	21、29
延岡市	59、62
のり	8、22、**30**、37、44、46

は

パイナップル	78
ハウスみかん	**30**、53
博多どんたく	24
博多ラーメン	21、**25**
ハザードマップ	10
波佐見焼	38
葉たばこ	61
八丁原地熱発電所	**14**、54

半導体	9、30、38、46、54
ピーマン	8、**61**、69
干潟	**22**、27、33、37
肥後象がん	46
日田すぎ	53
ビニールハウス	**8**、30、53、61
響灘	**19**、22
ひめゆりの塔	80
ひらめ	53
びわ	37
福岡市	18、**19**、23、24
ふぐ類	36
普賢岳	**10**、35
豚	8、30、61、**69**、78
ぶり	8、22、30、37、**53**、70
豊後牛	53
米軍基地	79
別府八湯	56
別府市	51、54、56
別府竹細工	54
乾しいたけ	8、46、**53**、62
本場大島紬	62、**70**

ま

まぐろ	**8**、37、62、70、78
まだい	22、37、**46**、53、70
マングローブ	66
マンゴー	**61**、69、77
みかん	30、**37**、45、53、61、69
三川内焼	38
緑のダム	10
水俣市	10、**47**
水俣病	10、**47**
都城市	59
都城大弓	62
都城盆地	61
宮古島	75
宮崎牛	61
宮崎市	59
宮崎平野	8、59、**61**
宮若市	9、**22**
ムツゴロウ	33
明治日本の産業革命遺産	41
メロン	**8**、45
木材	**8**、53
もずく	78

や

屋久島	11、70、**73**

屋久すぎ	70
八代平野	43
耶馬渓	51
八幡製鉄所	**9**、22
山鹿灯籠まつり	**48**
八女茶	22
由布院温泉	**55**、57
吉野ヶ里遺跡	32
与那国島	11、75
四大公害病	**10**、47

ら

ラー麦	21
リアス海岸	8、27、35、37、51、53、59
琉球王国	78、**80**、81
琉球びんがた	78

装　　丁	星 光信（Xing Design）	
本文デザイン	星 光信（Xing Design）／㈲近江デザイン事務所	
キャライラスト	くさださやか	
本文イラスト	澄ノしお／すぎうらあきら／イラストメーカーズ／ピクスタ	
編集協力	佐野秀好／㈲大悠社	
地　　図	ゼム・スタジオ	
図　　版	ゼム・スタジオ／㈲ケイデザイン／㈱明昌堂	
撮　　影	三好邦次／アートスペース／サイネットフォト	
写真提供	各写真そばに掲載。記載のないものは編集部や各都道府県HPなど。	
Ｄ　Ｔ　Ｐ	㈱明昌堂	

日本の地理〈改訂新版〉 全8巻① 　NDC291

九州地方

監修：井田仁康（筑波大学名誉教授）

Gakken　2025　84P　29cm
ISBN 978-4-05-501444-1　　C8325

日本の地理 改訂新版
第1巻　九州地方

2025年 3月11日　第1刷発行

監　修	井田仁康（筑波大学名誉教授）
発行人	川畑勝
編集人	志村俊幸
編集担当	中山敏治／矢部絵莉香／小出貴也／笠原舞夢／宮原有理紗
発行所	株式会社Gakken 〒141-8416　東京都品川区西五反田2-11-8
印刷所	TOPPANクロレ株式会社

〈この本に関する各種お問い合わせ先〉
本の内容については、下記サイトのお問い合わせフォームよりお願いします。
https://www.corp-gakken.co.jp/contact/
■在庫については　Tel 03-6431-1197（販売部）
■不良品（落丁、乱丁）については　Tel 0570-000577
　［学研業務センター］〒354-0045 埼玉県入間郡三芳町上富279-1
■上記以外のお問い合わせは　Tel 0570-056-710（学研グループ総合案内）

©Gakken
本書の無断転載、複製、複写（コピー）、翻訳を禁じます。本書を代行業者等の第三者に依頼してスキャンやデジタル化することは、たとえ個人や家庭内の利用であっても、著作権法上、認められておりません。

学研グループの書籍・雑誌についての新刊情報・詳細情報は、下記をご覧ください。
【学研出版サイト】https://hon.gakken.jp/

Geography of Japan

Kyushu / Chugoku-Shikoku / Kinki /
Chubu / Kanto / Hokkaido-Tohoku

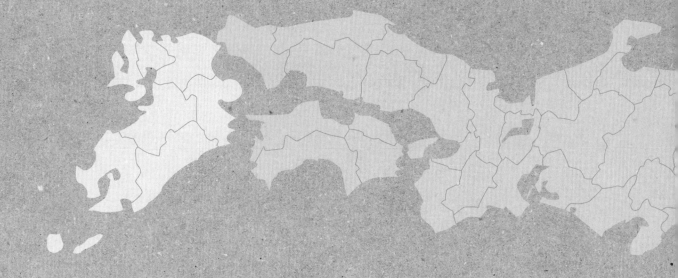